Last minute

ITALIENISCH

Impressum

Produktmanagement: Doreen Brodowsky
Textredaktion: Jutta Schmolke
Korrektorat: Susanne Langer, M.A.
Layout und Satz: Silke Schüler
Umschlaggestaltung: *zeichenpool, München
unter Verwendung von Fotos von Maria Brinkop
Repro: LUDWIG:media, Zell am See
Herstellung: Barbara Uhlig

Texte und Rezepte: Margit Proebst
Fotografie: Maria Brinkop, außer Shutterstock: Umschlagklappe vorne/hinten (S-F), S. 5 (Boris-B), S. 9 (Y Photo Studio), S. 11 (Africa Studio), S. 12 (oneinchpunch), S. 15 (Africa Studio)

Printed in Slovenia by Florjancic

Unser komplettes Programm finden Sie unter
www.christian-verlag.de

Alle Angaben dieses Werkes wurden von der Autorin sorgfältig recherchiert und auf den neuesten Stand gebracht sowie vom Verlag geprüft. Für die Richtigkeit der Angaben kann jedoch keine Haftung übernommen werden.

Die Deutsche Nationalbibliothek verzeichnet diese Publikation in der Deutschen Nationalbibliografie; detaillierte bibliografische Daten sind im Internet über http://dnb.d-nb.de abrufbar.

ISBN 978-3-95961-102-2

★★★★★

Sind Sie mit diesem Titel zufrieden? Dann würden wir uns über Ihre Weiterempfehlung freuen.
Erzählen Sie es im Freundeskreis, berichten Sie Ihrem Buchhändler oder bewerten Sie bei Onlinekauf. Und wenn Sie Kritik, Korrekturen, Aktualisierungen haben, freuen wir uns über Ihre Nachricht an Christian Verlag, Postfach 40 02 09, D-80702 München oder per E-Mail an lektorat@verlagshaus.de

Wir bedanken uns ganz herzlich bei „Nostalgie im Kinderzimmer“ für die freundliche Unterstützung mit Produkten aus ihrem Sortiment.
www.nostalgieimkinderzimmer.de

Die aufgeführten Rezept-Varianten beziehen sich immer auf das darüberstehende Rezept, ebenso die Zeitangaben.

Last minute

ITALIENISCH

Blitzschnelle Rezepte für
la dolce vita

CHRISTIAN

Inhalt

RISTORANTE

Warenkunde

Vorräte – das können Sie immer zu Hause haben

Haben Sie öfter mal spontan Lust auf italienische Küche? Mit diesen haltbaren Zutaten aus dem Vorrat sind Sie jederzeit dafür gerüstet, eine feine Mahlzeit *all'italiana* auf den Tisch zu bringen.

Aus dem Glas

Grüne und schwarze Oliven, getrocknete Tomaten und Artischockenherzen im Glas sind lange haltbar. Sie schmecken wunderbar zum Aperitif, kommen aber auch in vielen italienischen Gerichten zum Einsatz.

Tomaten & Olivenöl

Tomaten in der Dose (ganze geschälte oder stückige Pizzatomaten) sind die Basis vieler Suppen und Saucen. Mit einem einfachen Olivenöl zum Braten und einem guten, kalt gepressten für Salate und zum Beträufeln von fertigen Gerichten sind Sie bestens ausgestattet.

Für Pasta & Risotto

Ein kleines Sortiment an verschiedenen Nudelsorten von kurz und dick wie Penne und Farfalle bis lang und dünn wie Spaghetti und Bucatini sollten Sie immer im Vorrat haben. Ebenfalls in den Vorrat gehört ein guter Rundkornreis (Arborio oder Carnaroli), aus dem sich ein perfektes Risotto zaubern lässt.

Aus der Kühltheke

Frische Tagliatelle, Tortellini und Gnocchi aus der Kühltheke im Supermarkt oder Bioladen schmecken (fast) wie selbst gemacht. Sie halten im Kühlschrank einige Wochen und sind ratzfatz zubereitet – toll für die schnelle Schlemmerküche.

Alles Käse

Mozzarella und Gorgonzola gibt es abgepackt in jedem Supermarkt, sie eignen sich für leckere Antipasti ebenso wie für Pastagerichte oder fürs pikante Dessert. Parmesan oder Grana Padano (Hartkäse aus Kuhmilch) und Pecorino (Hartkäse überwiegend aus Schafsmilch) brauchen Sie für Salate, Pasta und Risotto.

Frische Kräuter

Viele italienische Speisen bekommen durch frische Kräuter den entscheidenden Geschmackskick. Wenn der Weg zum Markt weit ist, sollten Sie immer ein Basilikum-, Thymian- und Rosmarinstöckchen auf der Fensterbank haben. Salbei, Lorbeer, Minze und Zitronenmelisse machen Ihren Kräutergarten perfekt.

Gut gewürzt

Neben frischen Kräutern, Salz und Pfeffer brauchen Sie wenig: Knoblauch, Zwiebeln, Zitronen und Peperoncini (kleine getrocknete Chilischoten) sind wichtig. Mit Pesto und Kapern (aus dem Glas) erweitern Sie die Möglichkeiten.

Nüsse und Samen

Ganze Pinienkerne, Walnusskerne, Mandelkerne und Pistazienkerne gehören unbedingt in Ihren Vorrat. Sie halten in gut schließenden Gläsern, kühl und dunkel aufbewahrt, monatelang und verleihen vielen Gerichten von der Vorspeise bis zum Dessert einen knackigen Biss und nussige Würze.

Gut einkaufen – das spart Zeit beim Kochen

Pasta, ein wenig Fleisch oder Fisch und reichlich frisches Gemüse – die italienische Last-Minute-Küche kommt mit wenigen Zutaten aus. So wird der Frischeeinkauf zum Kinderspiel.

Basics im Vorrat

Auf den vorhergehenden Seiten haben Sie bereits einiges über die Grundzutaten der italienischen Küche erfahren, die die Basis vieler Gerichte sind. Haben Sie die im Haus, müssen Sie nur noch ein paar frische Zutaten einkaufen und es kann losgehen. Wenn Sie eine Einladung mit Gästen planen, so empfiehlt es sich eventuell, Fleisch, Fisch und Brot vorzubestellen. Dann müssen Sie nicht Schlange stehen und der Einkauf ist schnell erledigt.

Lassen Sie die Profis ran

Es versteht sich von selbst, dass Sie Schnitzel und Steaks gleich vom Metzger in der gewünschten Dicke schneiden lassen. Ebenso sollten Sie Ihren Fischhändler bitten, die Filets gleich so vorzubereiten, dass Sie sie direkt braten können. Das alles spart später in Ihrer Küche wertvolle Vorbereitungszeit.

Weiter geht es bei Salat, Gemüse und Pilzen: Feste Köpfchen bzw. Stauden wie Romana, Radicchio oder Chicorée sind superschnell in mundgerechte Stücke geschnitten oder gezupft und gewaschen. Feldsalat oder Spinat dagegen sind oft sandig und müssen aufwendig geputzt werden. Wenn Sie die für ein Rezept verwenden möchten, achten Sie unbedingt darauf, dass Sie sehr frische, kleinblättrige Varianten bekommen, die nur gewaschen und trockengeschleudert und nicht mühsam verlesen und geputzt werden müssen. Im Zweifelsfall kaufen Sie für die schnelle Küche lieber fertige Salatmischungen (gibt es auf vielen Märkten küchenfertig geputzt oder im Folienbeutel im Supermarkt).

Das gleiche Prinzip gilt für Pilze: Champignons, Austernpilze und Kräuterseitlinge sind Zuchtpilze, die frisch und sauber in den Handel kommen. Pfifferlinge und andere Waldpilze dagegen sind oft ziemlich schmutzig und müssen einzeln geputzt werden. Haben Sie wenig Zeit für die Vorbereitung, sollten Sie die pflegeleichten Zuchtpilze vorziehen.

Alles Pasta

Frische Nudeln aus der Kühltheke sind schneller gar als ihre getrockneten Pendants. Hier allerdings ist die Zeitersparnis nicht ausschlaggebend. Auch die »normalen« getrockneten Nudeln können ja

problemlos kochen, während man parallel die Sauce zubereitet. Hier geht es um den Geschmack! Frische Nudeln, vor allem gefüllte Teigtäschchen wie Tortellini und Ravioli, schmecken ungleich besser als getrocknete. Dazu gibt es sie mit den unterschiedlichsten Füllungen – probieren Sie es aus!

Zutaten tauschen erlaubt

Im Prinzip bekommen Sie alle Zutaten für die Rezepte in diesem Buch im gut sortierten Supermarkt oder Bioladen. Wer einen italienischen Feinkostladen in der Nähe hat, wird dort sicher noch die eine oder andere Spezialität entdecken, mit der sich die Rezepte in diesem Buch weiter abwandeln und verfeinern lassen.

Sie finden bei jedem Rezept bereits eine Variante, mit der Sie dem Gericht ein anderes Aroma verpassen können. Ist aber das Gemüse oder der Fisch gerade nicht zu bekommen, dann können Sie gerne nach Herzenslust tauschen und variieren. So entstehen aus den rund hundert Rezeptvarianten in diesem Buch gleich noch jede Menge weitere Möglichkeiten.

Die perfekte Zusammenstellung für ein Menü

Für einen schönen Abend mit lieben Gästen ist ein leckeres Menü die halbe Miete. Genauso entscheidend aber ist ein entspannter Gastgeber. Treffen Sie bei der geplanten Menüfolge also eine kluge Auswahl!

Versierte Hobbyköche jonglieren mühelos mit verschiedenen Töpfen und Pfannen und unterhalten sich nebenbei noch mit den Gästen – ihnen steht die ganze Rezeptpalette zur Verfügung. Wenn Sie (noch) nicht zu dieser beneidenswerten Gattung Gastgeber gehören, raten wir Ihnen dringend, sich nicht zu viel vorzunehmen! Wählen Sie unkomplizierte Gerichte, die Sie sicher beherrschen und bei denen sich vieles im Vorfeld vorbereiten lässt. Wenn dann Ihre Gäste da sind, müssen Sie die Speisen nur noch vollenden und können entspannt mit am Tisch sitzen, ohne in Gedanken in der Küche beim nächsten Gang zu sein.

In der hinteren Umschlagklappe finden Sie vier beispielhafte Menüs – je zwei für 2 bzw. 4 Personen. Dabei ist jeweils eines so zusammengestellt, dass Sie einen guten Teil der Arbeit bereits im Vorfeld erledigen können. Die anderen

beiden Menüs eignen sich eher für die »Küchenprofis«, denen es nichts ausmacht, Risotto zu kochen, während die Gäste mit dem Glas in der Hand mit in der Küche stehen. Wen das eher nervös macht, der sollte ein Menü wählen, das sich gut vorbereiten lässt.

Drei Gänge oder vier?

Zum Auftakt servieren Sie einen Aperitif und ein paar Häppchen dazu – passende Rezepte finden Sie in der hinteren Umschlagklappe. Dann folgen Vorspeise, Hauptgang und Dessert. Wer mag, kann zwischen Antipasto und Hauptgang noch eine kleine Portion Pasta oder Risotto einfügen. Die Rezepte in diesem Buch sind so bemessen, dass sie als Hauptgang ausreichen. Wenn Sie sie als Zwischengang servieren, reicht jeweils ein halbe Portion.

Je nach Jahreszeit

Bei der Zusammenstellung des Menüs werden Sie natürlich auch die Jahreszeit mit bedenken. Im Sommer schmecken leichte frische Salate zur Vorspeise besser, im Winter ist ein wärmendes Süppchen der perfekte Menüauftakt. Im Frühjahr hat man Lust auf frischen Spargel, im Herbst sind reichhaltigere Gerichte mit Kürbis oder Pilzen eine gute Wahl. Das Prinzip ist vermutlich klar geworden: Lassen Sie sich beim Einkaufen durch das aktuelle Angebot inspirieren und kaufen Sie, was gerade in Ihrer Region Saison hat. Dann kann vollreif geerntet werden, weil die Transportwege kurz sind, und das kommt dem Geschmack zugute.

Vorlieben, Antipathien und Allergien

Bei guten Freunden wissen Sie, wer was gerne isst. Ebenso kennen Sie die Allergien und Unverträglichkeiten. Erwarten Sie Gäste, die Sie nicht so gut kennen, fragen Sie am besten bei der Einladung nach Allergien oder kulinarischen Abneigungen. Dann können Sie sich darauf einstellen und müssen nicht in letzter Minute improvisieren.

Werden auch alle satt?

Diese Frage stellt sich wohl jeder Gastgeber ab und an. Die Gerichte in diesem Buch sind so bemessen, dass sie für Gäste mit durchschnittlichem Appetit im Rahmen eines typisch italienischen Drei-Gänge-Menüs ausreichen. Wenn Sie wissen, dass der eine wie ein Spatz isst und der andere gerne mal eine zweite Portion nimmt, dann sollten Sie eventuell etwas mehr oder weniger kochen. Zu knapp sollte es nie sein!

Der Abend entwickelt sich prächtig und Ihre Gäste bleiben länger als geplant? Nehmen Sie es als Kompliment an Ihre Gastgeberqualitäten! Für den späten Hunger sollten Sie eventuell ein wenig Brot und Käse in petto haben. Ein paar Oliven, Nüsse und Früchte wie Feigen oder Weintrauben dazu und der späte Imbiss ist perfekt. Wie Sie eine italienische Käseplatte zusammenstellen, lesen Sie auf Seite 122. Wenn es sich abzeichnet, dass der Käsegang zum Einsatz kommt, nehmen Sie den Käse rechtzeitig aus dem Kühlschrank – bei Zimmertemperatur entfaltet er sein bestes Aroma!

Die passenden Getränke als ideale Begleitung

Zu einem feinen Essen gehören passende Getränke. Hier erfahren Sie einiges Wissenswerte über Aperitifs zum Auftakt, über die Weinbegleitung zum Hauptgang und über Espresso und Digestif als Menüabschluss.

Ein italienisches Menü startet mit einem Aperitif, um Ihre Gäste auf das Menü einzustimmen und ihnen die Wartezeit bis zur Vorspeise zu verkürzen. Das kann ein Glas Prosecco sein, gerne mit einem Schuss Aperol oder Campari. Sehr fein im Sommer ist ein Bellini, ein Prosecco mit aromatischem Pfirsichpüree. Wer nicht gleich mit Alkohol starten will, genießt einen Crodino oder Sanbitter. In der hinteren Umschlagklappe finden Sie die passenden Rezepte.

Vino rosso und vino bianco

Italien ist ein typisches Weinland mit ausgedehnten Anbaugebieten und dem milden mediterranen Klima, das eine Vielzahl feiner Tröpfchen hervorbringt. Für welchen Sie sich entscheiden, ist letztlich Ihrem Geschmack und Geldbeutel überlassen.

Weißwein zum Fisch und Rotwein zum Schnitzel? So eng sieht man das heute üblicherweise nicht mehr. Dennoch passt zu einem leichten Gericht mit Fisch und Gemüse ein frischer, fruchtiger Weißwein besser als ein schwerer Rotwein. Umgekehrt geht ein einfacher Weißwein zu einem deftigen Fleischgericht oft unter, da ist ein kräftiger Rotwein die bessere Wahl. Am besten halten Sie beides parat und lassen Ihre Gäste selber entscheiden!

Weißwein sollte immer gut gekühlt (8–10 °C) auf den Tisch kommen. Damit er auch kühl bleibt, stellen Sie ihn bei Tisch in einen Flaschenkühler aus Ton oder Acryl. Rotwein schmeckt bei kühler Zimmertemperatur (etwa 18 °C) am besten. Edlere Tropfen sollen Sie einige Zeit vor dem Genuss in eine Karaffe dekantieren. So kommt er mit Sauerstoff in Berührung und entfaltet sein volles Aroma.

Alkoholfreies

Denken Sie daran, genügend Alkoholfreies bereitzustellen. Mineralwasser oder ein Krug mit frischem Leitungswasser gehört unbedingt mit auf den Tisch. Wenn Sie den Krug vorher ins Tiefkühlfach legen, bleibt das Wasser darin lange angenehm kühl. Ob Sie auch Säfte und Softdrinks anbieten, bleibt Ihnen überlassen – da kennen Sie sicher den Geschmack Ihrer Gäste.

Digestif

Nach einem üppigen Essen hilft ein Grappa (Tresterschnaps) oder Kräuterschnaps (z. B. Amaro Averna) bei der

Verdauung? Der Begriff »Digestif« legt es nahe. Dabei handelt es sich allerdings um einen längst überholten Ernährungsmythos. In Wahrheit muss der Organismus neben dem Essen dann auch noch den Alkohol bewältigen. Verbuchen Sie das Gläschen nach dem Menü besser als Genussmittel, das in Maßen genossen werden sollte.

Das Gleiche gilt für Dessertweine: Am bekanntesten ist der Marsala. Er schmeckt zum Dessert, findet aber auch in Süßspeisen Verwendung. In Italien besonders geschätzt wird der Vin santo (»heiliger Wein«), der nach dem Essen in kleinen Likörgläschen serviert wird. Falls Sie kein süßes Dessert anbieten, so reichen sie einfach Cantuccini (knusprige Mandelkekse) dazu.

Espresso oder Cappuccino?

Zur Abrundung eines italienischen Menüs passt in jedem Fall ein Espresso, in Italien schlicht *caffè* genannt. Wer ein wenig Milch dazu mag, entscheidet sich für einen *caffè macchiato* (einen »befleckten« Espresso). Cappuccino und Latte macchiato werden in Italien nur tagsüber getrunken. Doch wer sollte es Ihnen und Ihren Gästen verwehren, wenn Sie nach dem Essen Lust darauf haben? Wer abends nach Koffeingenuss schlecht schläft, nimmt einen koffeinfreien Espresso.

Mit Druck arbeitende Maschinen produzieren guten Espresso mit feiner Crema. Eine traditionelle Macchinetta aus Aluminium oder Edelstahl tut es allerdings auch.

Rezepte

Antipasti

Artischocken

mit Sardellen-Tomaten-Dip

25 Minuten | Für 4 Personen

4 große Artischocken
½ Zitrone
4 Knoblauchzehen
Salz
frisch gemahlener schwarzer Pfeffer
4 EL Olivenöl
4 Sardellenfilets (in Öl)
3 getrocknete Tomaten (in Öl)
1 EL kleine Kapern (aus dem Glas)
125 g Salatmayonnaise (30 % Fettgehalt)
75 g Naturjoghurt
1 TL Zitronensaft
1 EL frisch gehackte Petersilie

1. Die Artischockenstiele bis unter den Artischockenboden kürzen, Artischocken waschen und trockentupfen. Dann die Schnittflächen mit Zitrone einreiben. Knoblauch abziehen und die Zehen längs vierteln. Artischockenblätter spreizen und die Knoblauchviertel dazwischenstecken.

2. Artischocken dicht an dicht in einen Topf stellen, salzen, pfeffern und jeweils 1 EL Öl darüberträufeln. Dann etwa 5 cm hoch Wasser angießen und 15 Minuten zugedeckt bei schwacher Temperatur garen.

3. Für den Dip Sardellen, Tomaten und Kapern abtropfen lassen und fein hacken. Mit Mayonnaise und Joghurt verrühren und mit Zitronensaft und Pfeffer abschmecken. Artischocken aus dem Sud heben, abtropfen lassen und auf Teller setzen. Warm mit dem Dip und mit Petersilie bestreut servieren.

Variante Gebratene Babyartischocken

–5 Minuten
12–15 Babyartischocken
2 Schalotten
1–2 EL Zitronensaft

1. Die Artischocken von äußeren harten Blättern befreien, waschen, trockentupfen und die Spitzen um ein Drittel kürzen. Die Stiele schälen und die Artischocken längs vierteln. Die Schnittflächen mit Zitrone abreiben. Die Schalotten abziehen und fein hacken.

2. Das Olivenöl in einer Pfanne erhitzen. Artischocken und Schalotten darin 2–3 Minuten unter Rühren braten. Mit Zitronensaft, Salz und Pfeffer würzen und warm servieren.

THE WEEKEND

Mozzarella mit Pfirsich und Minze

20 Minuten | Für 4 Personen

4 reife Pfirsiche
2 Kugeln Mozzarella (à 125 g)
3-4 Stängel frische Minze
1 kleine unbehandelte Zitrone
1 TL mittelscharfer Senf
Salz
Zucker
frisch gemahlener schwarzer Pfeffer
6 EL Olivenöl

1. Die Pfirsiche überbrühen, kalt abschrecken und häuten. Das Fruchtfleisch in schmalen Spalten vom Stein schneiden. Die Mozzarellakugeln abtropfen lassen, halbieren und in dünne Scheiben schneiden.

2. Pfirsichspalten und Mozzarellascheiben im Wechsel dachziegelförmig auf vier Tellern anrichten. Die Minze abbrausen und trockenschütteln, die Blätter abzupfen und darüberstreuen.

3. Die Zitrone heiß abbrausen und trockentupfen. Erst die Schale in feinen Zesten abziehen, dann 3 EL Saft auspressen. Zitronensaft mit Senf, je 1 Prise Salz, Zucker und Pfeffer und dem Öl verquirlen und die Zitronenzesten unterrühren. Über Pfirsiche und Mozzarella träufeln und nach Wunsch mit knusprigem Ciabatta servieren.

Variante Tomate und Mozzarella

± 0 Minuten
4 Sardellenfilets (in Öl)
6 schwarze Oliven (ohne Stein)
4 Strauchtomaten
4–5 Stängel Basilikum

1. Sardellenfilets abtropfen lassen, wie die Oliven fein hacken und statt der Zitronenzesten unter das Dressing rühren.

2. Statt der Pfirsiche die Tomaten waschen, in Scheiben schneiden und im Wechsel mit den Mozzarellascheiben auf Teller geben. Das Dressing wie oben beschrieben zubereiten und darüber verteilen. Statt der Minze das Basilikum abbrausen und trockenschütteln, die Blätter abzupfen und darüberstreuen.

Gegrillte Melone mit Schinken

20 Minuten | Für 4 Personen

1 Cantaloupe-Melone
12 Scheiben Parmaschinken (ca. 100 g)
Holzspießchen
1 EL Olivenöl
frisch gemahlener schwarzer Pfeffer

1. Die Melone halbieren und die Kerne entfernen. Die Hälften in je sechs Spalten schneiden und von der Schale befreien. Jede Melonenspalte mit einer Schinkenscheibe umwickeln und mit einem Holzspießchen feststecken.

2. Eine Grillpfanne erhitzen und die Stege mit Öl bestreichen. Die Melonenspalten darin portionsweise 5–6 Minuten grillen. Pfeffern und heiß servieren.

Variante Melonen-Mozzarella-Spieße

+ 10 Minuten

150 g Mini-Mozzarellakugeln
8 Holzspieße (ca. 15 cm)
2 Stängel Zitronenmelisse
1 TL rosa Pfefferbeeren
Salz
4 EL Olivenöl

1. Die Mozzarellakugeln in einem Sieb abtropfen lassen. Mit einem Kugelausstecher aus den Melonenhälften Kugeln ausstechen und im Wechsel mit den Mini-Mozzarellakugeln auf die Spieße stecken.

2. Die Zitronenmelisse abbrausen und trockenschütteln, die Blätter fein schneiden. Den rosa Pfeffer im Mörser grob zerstoßen. Beides mit 1 Prise Salz unter das Öl mischen und über die Spieße träufeln.

Kalbsbraten

mit Thunfischsauce

25 Minuten | Für 4 Personen

1 Dose Thunfisch (in Öl, 185 g Abtropfgewicht)
4 EL kleine Kapern (aus dem Glas)
2 Stängel Petersilie
2 EL Zitronensaft
4 EL Salatmayonnaise (30 % Fettgehalt)
6 EL Kalbsfond (aus dem Glas)
Salz
frisch gemahlener schwarzer Pfeffer
Zucker
300 g Kalbsbraten-Aufschnitt
1 unbehandelte Zitrone (nach Belieben)

1. Den Thunfisch abtropfen lassen. Die Kapern ebenfalls abtropfen lassen, die Hälfte davon fein hacken. Petersilie abbrausen und trockenschütteln, die Blätter fein schneiden.

2. Den Thunfisch mit Zitronensaft, Mayonnaise und Kalbsfond im Mixer (oder in einem hohen Gefäß mit dem Pürierstab) fein pürieren. Die gehackten Kapern und die Petersilie unterrühren und alles mit Salz, Pfeffer und Zucker abschmecken.

3. Den Kalbsbraten auf vier Tellern anrichten. Die Thunfischsauce darüber verteilen und die übrigen Kapern darüberstreuen. Nach Belieben die Zitrone heiß abbrausen, trockentupfen, in dünne Scheiben schneiden und das schnelle *Vitello tonnato* damit garnieren.

Variante Putenbrust mit Tomaten-Salsa

+ 10 Minuten
2 EL Mandelstifte
2 Strauchtomaten
2 Frühlingszwiebeln
1 große rote Chilischote
2 EL Zitronensaft
3 EL neutrales Pflanzenöl
300 g Putenbrustaufschnitt

1. Die Mandelstifte anrösten und abkühlen lassen. Die Tomaten waschen, quer halbieren, entkernen und das Fruchtfleisch fein würfeln. Die Frühlingszwiebeln putzen, waschen und fein schneiden. Die Chilischote abbrausen, längs aufschneiden, putzen und in feine Streifen schneiden.

2. Den Zitronensaft mit 1 Prise Salz und Zucker und Öl verrühren und die vorbereiteten Zutaten untermischen. Den Putenbrust-Aufschnitt auf vier Tellern anrichten und die Tomaten-Salsa darüber verteilen.

Steinpilze mit Parmesan

15 Minuten | Für 2 Personen

300 g Steinpilze
(alternativ: Kräuterseitlinge)
1 Knoblauchzehe
2–3 Stängel Petersilie
4 EL Olivenöl
Salz
frisch gemahlener schwarzer Pfeffer
1 Stück Parmesan (ca. 20 g)

1. Die Steinpilze putzen und in etwa 4 mm dicke Längsscheiben schneiden. Knoblauch abziehen und fein hacken. Die Petersilie abbrausen, trockenschütteln und die Blätter fein schneiden.

2. Dann 2 EL Öl in einer großen Pfanne erhitzen und die Pilze darin bei starker Temperatur etwa 1 Minute anbraten. Knoblauch und Petersilie dazugeben und 2–3 Minuten unter gelegentlichem Wenden weiterbraten. Mit Salz und Pfeffer würzen.

3. Die Pilze auf zwei Teller verteilen und das übrige Öl darüberträufeln. Den Parmesan darüberraspeln oder mit einem Sparschäler darüberhobeln.

Variante Spargel mit Parmesan

+ 10 Minuten
400 g Spargel
2–3 Zweige Thymian
1 EL Butter

1. Spargel waschen, schälen, Enden abschneiden und die Stangen längs halbieren. Thymian abbrausen, trockenschütteln und die Blättchen abstreifen.

2. Eine Grillpfanne erhitzen und die Stege mit Öl bestreichen. Den Spargel einlegen und 6–8 Minuten bei mittlerer Temperatur braten, dabei nach der Hälfte der Garzeit einmal wenden.

3. Den Spargel auf Teller geben. Die Butter in einer kleinen Pfanne aufschäumen lassen, Thymianblättchen und 1 Prise Salz dazugeben. Über den Spargel verteilen und den Parmesan darüberhobeln.

Spinatsalat
mit Gorgonzola und Erdbeeren

20 Minuten | Für 2 Personen

150 g Babyspinat
100 g Erdbeeren
6 Walnusskernhälften
50 g Gorgonzola
2 EL Balsamico-Essig
Salz
frisch gemahlener schwarzer Pfeffer
1 TL flüssiger Honig
4 EL Olivenöl

1. Den Spinat waschen, verlesen und trockenschleudern. Erdbeeren abbrausen, putzen und in Scheiben schneiden. Die Walnusskerne grob hacken. Den Gorgonzola in Stückchen zupfen.

2. Den Essig mit Salz und Pfeffer sowie Honig und Öl verquirlen.

3. Den Spinat in zwei Schalen geben. Erdbeeren, Walnusskerne und Gorgonzola daraufgeben und das Dressing darüberträufeln.

Variante Tomatensalat mit Gorgonzola und Trauben

± 0 Minuten

150 g Kirschtomaten
150 g kernlose Trauben
1 TL grüner Pfeffer (aus dem Glas)

1. Statt Spinat und Erdbeeren die Kirschtomaten und Trauben waschen und halbieren und mit Gorgonzola und Walnusskernstückchen in zwei Schalen geben.

2. Dressing wie oben beschrieben zubereiten. Den grünen Pfeffer abtropfen lassen, fein hacken, unter das Dressing rühren und dieses über den Salat geben.

Calamari

in Weißweinsauce

30 Minuten | Für 4 Personen

800 g mittelgroße Calamari (mit Bauch und Tentakeln)
1–2 Knoblauchzehen
3 EL Olivenöl
125 ml trockener Weißwein
1 Bund Petersilie
1 EL Butter
Salz
frisch gemahlener schwarzer Pfeffer
1 TL abgeriebene, unbehandelte Zitronenschale

1. Die Calamari gründlich waschen, die Tentakeln von den Bäuchen abtrennen und klein schneiden. Die Calamaribäuche von den harten, durchsichtigen Chitinschilden im Inneren befreien und in Ringe schneiden. Den Knoblauch abziehen und fein hacken.

2. Das Öl in einer großen Pfanne erhitzen. Calamari und Knoblauch darin 2 Minuten anbraten. Mit dem Weißwein ablöschen und zugedeckt 2 Minuten schmoren lassen.

3. Inzwischen die Petersilie abbrausen, trockenschütteln und die Blätter fein schneiden. Mit der Butter zu den Calamari geben und gut durchschwenken. Mit Salz, Pfeffer und Zitronenschale würzen.

Tipp Im Frühling können Sie den Knoblauch und die Petersilie durch 1 fein geschnittenes Bund Bärlauch ersetzen.

Variante Calamari auf Rucola-Kirschtomaten-Salat

+ 10 Minuten
200 g Rucola
120 g Kirschtomaten
4 EL Olivenöl
1 EL Zitronensaft

1. Den Rucola waschen, putzen und trockenschleudern. Auf vier Teller geben. Die Tomaten waschen, halbieren und darauf verteilen.

2. Die Calamari mit dem Knoblauch 4–5 Minuten wie beschrieben in 3 EL Olivenöl unter Rühren braten (Weißwein, Butter und Petersilie weglassen). Mit Salz, Pfeffer, Zitronensaft und -schale würzen und auf die Salate geben. Das übrige Olivenöl darüberträufeln.

Trevisano

mit Honig und Pinienkernen

15 Minuten | Für 4 Personen

4 Stauden Radicchio di Trevisano
4 EL Olivenöl
1 EL flüssiger Honig
2 EL Pinienkerne
Salz
frisch gemahlener schwarzer Pfeffer
4 TL Crema di Balsamico (Balsamico-Creme)

1. Den Trevisano waschen, trockentupfen und längs teilen. Das Öl in einer großen Pfanne erhitzen und den Trevisano darin bei mittlerer Temperatur etwa 3 Minuten anbraten. Die Stauden wenden. Den Honig darüberträufeln, die Pinienkerne dazugeben und alles 3–4 Minuten weiterbraten. Alles mit Salz und Pfeffer würzen.

2. Den Trevisano mit den Pinienkernen auf vier Teller verteilen und jeweils 1 TL Crema di Balsamico in feinen Schlieren darübergeben.

Tipp Radicchio di Trevisano ist eine oberitalienische Spezialität mit feinem Bitteraroma. Falls Sie ihn nicht bekommen, können Sie stattdessen Chicorée verwenden.

Variante Orangen-Trevisano mit Ricotta salata

± 0 Minuten

1 unbehandelte Orange
60 g Ricotta salata (schnittfester Frischkäse aus Kuh-, Schafs- und Ziegenmilch)

1. Den Trevisano wie beschrieben mit Pinienkernen und Honig braten. Orange heiß abbrausen, trockentupfen und etwas Schale abreiben. 4 EL Saft auspressen, zum Trevisano geben und einkochen lassen. Mit Salz, Pfeffer und Orangenschale würzen.

2. Den Trevisano auf Teller verteilen und die Ricotta salata darüberkrümeln.

Suppen, Pasta & Risotto

Minestrone

schnell & einfach

30 Minuten | Für 4 Personen

1 Zwiebel
1 Knoblauchzehe
3 Stangen Staudensellerie
3 kleine Karotten
2 kleine Zucchini
3 EL Olivenöl
1 EL Tomatenmark
800 ml Gemüsebrühe (Instant)
1 kleine Dose weiße Bohnen (240 g Abtropfgewicht)
Salz
frisch gemahlener schwarzer Pfeffer
4 TL frisch geriebener Parmesan

1. Zwiebel und Knoblauch abziehen und fein hacken. Sellerie waschen, eventuell entfädeln und in Scheiben schneiden. Karotten schälen, putzen und in Scheiben schneiden. Zucchini waschen, längs halbieren und in Halbmonde schneiden.

2. Das Öl in einem Topf erhitzen. Zwiebel, Knoblauch und Tomatenmark darin 1 Minute anschwitzen und mit der Brühe ablöschen. Karotten und Sellerie dazugeben, aufkochen und etwa 10 Minuten bei geringer Temperatur zugedeckt köcheln lassen.

3. Bohnen in ein Sieb abgießen und kalt abbrausen. Mit den Zucchini zur Suppe geben und alles noch 3–4 Minuten garen. Die Minestrone mit Salz und Pfeffer abschmecken, in Schalen verteilen und je 1 TL Parmesan darauf geben.

Variante Grüne Minestrone

± 0 Minuten

150 g Zuckerschoten
100 g Babyspinat
120 g Mini-Muschelnudeln (oder andere Suppennudeln)

1. Zuckerschoten waschen und schräg halbieren. Spinat waschen, verlesen und abtropfen lassen.

2. Die Suppe (ohne Karotten) bis einschließlich Schritt 2 zubereiten. Nudeln nach Packungsangabe in Salzwasser kochen, in einem Sieb abtropfen lassen.

3. Zuckerschoten und Zucchini (ohne Bohnen) in der Suppe 3–4 Minuten mitgaren. Spinat unterrühren, alles salzen und pfeffern. Nudeln in Schalen geben und die Suppe daraufschöpfen.

Tomatensuppe
mit Parmesanchips

25 Minuten | Für 4 Personen

1 Zwiebel
1 Knoblauchzehe
4 EL Olivenöl
1 Dose stückige Tomaten (400 g)
1 EL Tomatenmark
1 Peperoncino (getrocknete Chilischote)
400 ml Gemüsefond (aus dem Glas)
70 g Parmesan (am Stück)
2 EL Mandelstifte
Salz
frisch gemahlener schwarzer Pfeffer

1. Zwiebel und Knoblauch abziehen, fein hacken und in einem Topf im Öl anschwitzen. Tomaten und Tomatenmark dazugeben, den Peperoncino dazubröseln und alles etwa 2 Minuten mitgaren. Mit dem Fond ablöschen, aufkochen und etwa 15 Minuten bei schwacher Temperatur zugedeckt kochen lassen.

2. Inzwischen den Backofen auf 180 °C (Ober-/Unterhitze) vorheizen, ein Blech mit Backpapier belegen. Den Parmesan fein reiben. Mandelstifte und Parmesan mischen, in 12 Portionen auf das Blech geben, mit einem Löffel zu etwa 5 cm großen Talern ausstreichen. Im Ofen (mittlere Schiene) in etwa 6 Minuten goldbraun backen.

3. Die Suppe fein pürieren und mit Salz und Pfeffer abschmecken. In Suppenteller oder -tassen geben und die Parmesanchips dazu servieren.

Variante Tomatensuppe mit Meeresfrüchten

- 10 Minuten
½ Bund Petersilie
1 Knoblauchzehe
1 EL Olivenöl
250 g gemischte Meeresfrüchte (frisch oder TK und aufgetaut)

1. Während die Suppe kocht, die Petersilie abbrausen, trockenschütteln und die Blätter fein schneiden. Den Knoblauch abziehen und fein hacken.

2. Das Öl in einer Pfanne erhitzen. Meeresfrüchte kalt abbrausen, trockentupfen und mit dem Knoblauch darin 2 Minuten unter Rühren braten. Petersilie hinzufügen. Zum Servieren die Tomatensuppe in Schalen verteilen und die Meeresfrüchte daraufgeben.

Zucchinisuppe
mit Pestoschnecken

30 Minuten | Für 4 Personen

4 Scheiben quadratischer TK-Blätterteig (à 45 g)
3 kleine Zucchini (ca. 500 g)
1 Zwiebel
1 Knoblauchzehe
2–3 Zweige Thymian
2 EL Olivenöl
600 ml Gemüsebrühe
3 EL Basilikumpesto (aus dem Glas)
2 EL Crème fraîche
1 TL Zitronensaft
Salz
frisch gemahlener schwarzer Pfeffer

1. Die Blätterteigscheiben auftauen lassen. Zucchini waschen und putzen. ½ Zucchino in feine Scheiben hobeln, den Rest grob würfeln. Zwiebel und Knoblauch abziehen und fein hacken. Thymian abbrausen, trockenschütteln und mit Zwiebel, Knoblauch und Zucchini (außer den feinen Scheiben) etwa 1 Minute im erhitzten Öl unter Rühren anschwitzen. Mit Gemüsebrühe ablöschen, aufkochen und etwa 10 Minuten zugedeckt köcheln lassen.

2. Backofen auf 200 °C (Ober-/Unterhitze) vorheizen. Blätterteigscheiben mit Pesto bestreichen, aufrollen und in knapp ½ cm dicke Scheiben schneiden. Auf ein mit Backpapier belegtes Blech legen und etwa 15 Minuten backen.

3. Thymian aus der Suppe entfernen. Crème fraîche zur Suppe geben, alles fein pürieren. Zucchinischeiben zugeben, Suppe kurz wieder aufkochen lassen. Mit Zitronensaft, Salz und Pfeffer würzen und mit den Pestoschnecken servieren.

Variante Zucchinicremesuppe mit Knoblauchcroûtons

- 10 Minuten

100 g altbackenes Weißbrot
4 EL Olivenöl
1 Knoblauchzehe

1. Die Suppe zubereiten. Während sie kocht, das Weißbrot entrinden und 1 cm groß würfeln.

2. Für die Croûtons Olivenöl in einer Pfanne erhitzen und die Brotwürfel hineingeben. Den Knoblauch abziehen und dazupressen. In 4–5 Minuten goldbraun rösten. Die Suppe damit bestreuen.

Maronensuppe

mit Haselnuss-Zitronen-Gremolata

30 Minuten | Für 4 Personen

1 Zwiebel
250 g gegarte Maronen (vakuumverpackt)
1 EL Butter
650 ml Gemüsebrühe
10 Haselnusskerne
1 junge Knoblauchzehe
½ Bund Petersilie
Zesten von 1 unbehandelten Zitrone
100 g Sahne
Salz
frisch gemahlener schwarzer Pfeffer
Muskat

1. Die Zwiebel abziehen und fein hacken. Die Maronen grob hacken. Die Butter in einem Topf erhitzen. Zwiebel und Maronen darin 2 Minuten unter Rühren andünsten. Mit der Brühe ablöschen, aufkochen und 10 Minuten bei schwacher Temperatur zugedeckt kochen lassen.

2. Inzwischen die Haselnusskerne in einer kleinen Pfanne anrösten, abkühlen lassen und grob hacken. Knoblauch abziehen und fein hacken. Die Petersilie abbrausen, trockenschütteln und die Blätter fein schneiden. Alles zusammen mit den Zitronenzesten fein durchhacken.

3. Die Sahne zur Suppe geben, diese mit dem Pürierstab fein pürieren und mit Salz, Pfeffer und Muskat abschmecken. In Schalen verteilen und mit der Haselnuss-Zitronen-Gremolata garnieren.

Variante Rote-Bete-Suppe mit Orangen-Minz-Gremolata

± 0 Minuten
500 g Rote Bete (vakuumverpackt)
10 Mandelkerne
Zesten von ½ unbehandelte Orange
1 Stängel frische Minze

1. Die Rote Bete (mit Einmalhandschuhen) würfeln. Die Suppe wie beschrieben zubereiten, dabei die Maronen durch die Rote Bete ersetzen und die Brühe auf 500 ml reduzieren.

2. Bei der Gremolata die Haselnuss- durch Mandelkerne, die Zitronen- durch Orangenzesten und die Petersilie durch Minze ersetzen. Die fertige Suppe damit garnieren.

Spinat-Suppe
mit Kichererbsen & Safran

15 Minuten | Für 4 Personen

200 g Babyspinat
1 kleine Dose Kichererbsen (ca. 240 g Abtropfgewicht)
800 ml Gemüsebrühe (Instant)
2 EL Olivenöl
1 Döschen Safranfäden (0,1 g)
½ TL gemahlener Kreuzkümmel
Chiliflocken
1 Knoblauchzehe
Salz

1. Den Spinat waschen, verlesen und in einem Sieb abtropfen lassen. Die Kichererbsen in ein Sieb abgießen, kalt abbrausen und abtropfen lassen.

2. Die Gemüsebrühe in einem Topf mit Öl, Safran, Kreuzkümmel und 1 Prise Chiliflocken aufkochen lassen. Den Knoblauch abziehen und dazupressen. Die Kichererbsen dazugeben und 2 Minuten garen.

3. Den Spinat unterrühren und in etwa 1 Minute zusammenfallen lassen. Die Suppe mit Salz und nach Belieben mit weiteren Chiliflocken abschmecken.

Variante Pasta e ceci

+ 20 Minuten

1 Zwiebel
2 Knoblauchzehen
1 Karotte
4 EL Olivenöl
2 Zweige Rosmarin
200 g kleine Nudeln (z. B. Ditali)
frisch gemahlener schwarzer Pfeffer
2 EL frisch geriebener Parmesan

1. Zwiebel und Knoblauch abziehen. Karotte schälen, putzen und alles fein hacken, im Öl anschwitzen. Kichererbsen und Rosmarinzweige abbrausen, beides dazugeben und 2–3 Minuten mitdünsten.

2. Mit 500 ml Wasser ablöschen, salzen und etwa 15 Minuten bei milder Temperatur zugedeckt kochen lassen. Rosmarin entfernen, Nudeln und 250 ml Wasser zur Suppe geben und etwa 10 Minuten weiterköcheln lassen, bis die Nudeln bissfest sind. Mit Salz und reichlich Pfeffer würzen. In Schalen verteilen und mit Parmesan bestreut servieren.

Spaghetti alla Carbonara

20 Minuten | Für 2 Personen

200 g Spaghetti
Salz
80 g Pancetta (italienischer Bauchspeck; ersatzweise 60 g durchwachsener Räucherspeck)
1 EL Butter
40 g Parmesan (am Stück)
2 Eier
frisch gemahlener schwarzer Pfeffer

1. Spaghetti in reichlich Salzwasser nach Packungsangabe bissfest garen.

2. Inzwischen die Pancetta fein würfeln. Die Butter in einer Pfanne erhitzen und die Pancetta darin in 3–4 Minuten goldgelb braten.

3. Den Parmesan reiben. Eine Schüssel heiß ausspülen. Die Eier hineinschlagen, den geriebenen Käse und reichlich frisch gemahlenen Pfeffer dazugeben. Alles gut verrühren.

4. Die Spaghetti in ein Sieb abgießen und sofort tropfnass in die Schüssel geben. Pancetta dazugeben und alles gut durchmischen, bis alle Nudeln mit einer cremigen Schicht umhüllt sind. In tiefe Teller verteilen und sofort servieren.

Variante Carbonara mit Wirsing und Lauch

+ 5 Minuten

120 g Wirsing
120 g Lauch

1. Den Wirsing waschen, abtropfen lassen, die Rippen entfernen und die Blätter in feine Streifen schneiden. Das Lauchstück waschen, längs halbieren und ebenfalls in feine Streifen schneiden.

2. Das Gemüse statt der Pancetta in 4–5 Minuten unter Rühren in der Butter braten. Wie beschrieben mit der Eier-Käse-Mischung und den Nudeln mischen und in tiefe Teller geben.

Bucatini

mit Pistazien und Mandeln

30 Minuten | Für 4 Personen

3 Strauchtomaten
1 Knoblauchzehe
1 Bund Basilikum
40 g gehäutete Mandelkerne
40 g Pistazienkerne
80 ml Olivenöl
75 g Pecorino (am Stück)
Salz
frisch gemahlener schwarzer Pfeffer
400 g Bucatini (lange Röhrennudeln; ersatzweise Makkaroni)

1. Die Tomaten mit kochendem Wasser überbrühen, kalt abschrecken und häuten. Die Tomaten quer halbieren und ohne Kerne fein würfeln.

2. Knoblauch abziehen. Basilikum abbrausen und trockenschütteln. Beides mit Mandel- und Pistazienkernen und Olivenöl im Blitzhacker mittelfein zerkleinern (bei Bedarf noch etwas Öl zufügen). Pecorino fein reiben und die Hälfte davon unterrühren. Salzen und pfeffern.

3. Nudeln nach Packungsanweisung in Salzwasser bissfest garen. Eine Schüssel heiß ausspülen, das Pesto darin mit 2 EL Nudelgarwasser glatt rühren und die Tomatenwürfel dazugeben. Nudeln abgießen, sofort tropfnass in die Schüssel geben und gut durchmischen. In tiefe Teller verteilen, mit dem restlichen Pecorino bestreut servieren.

Variante Linguine mit Rucola-Walnuss-Pesto

- 10 Minuten

je 1 Bund Petersilie und Rucola
80 g Walnusskernhälften
80 ml Walnussöl
½ TL abgeriebene unbehandelte Zitronenschale
75 g Parmesan (am Stück)
400 g Linguine

1. Die Tomaten weglassen. Petersilie und Rucola abbrausen, trockenschütteln. Mit Walnusskernhälften, Walnussöl und Zitronenschale zu Pesto verarbeiten (bei Bedarf noch etwas Öl zufügen). Parmesan reiben, die Hälfte unterrühren und mit Salz und Pfeffer abschmecken. In der Schüssel mit 4 EL Nudelkochwasser verrühren.

2. Die Linguine nach Packungsanweisung in Salzwasser garen, abgießen und mit dem Pesto mischen. Übrigen geriebenen Parmesan dazu servieren.

Tagliatelle
mit Safran und Riesengarnelen

30 Minuten | Für 2 Personen

300 g Riesengarnelen
(ohne Kopf, mit Panzer)
2 Schalotten
1 Knoblauchzehe
1 TL Tomatenmark
3 EL Olivenöl
200 ml trockener Weißwein
1 Döschen Safranfäden
(0,1 g)
100 g Sahne
Salz
Cayennepfeffer
1 EL frisch gehackte Petersilie
250 g frische Bandnudeln
(aus der Kühltheke)

1. Garnelen abbrausen und mit Küchenpapier trockentupfen. Den Panzer der Riesengarnelen mit einer gegenläufigen Bewegung knacken und ablösen (Panzer aufheben). Die Garnelen am Rücken einschneiden und den schwarzen Darmfaden entfernen.

2. Schalotten und Knoblauch abziehen, hacken und mit den Garnelenschalen sowie Tomatenmark in 1 EL erhitztem Öl etwa 3 Minuten anbraten. Mit dem Weißwein ablöschen und 10 Minuten offen einkochen lassen. Durch ein Sieb in einen kleinen Topf abseihen, Safran zufügen.

3. Garnelen in einer großen Pfanne im übrigen Olivenöl etwa 2 Minuten braten. Herausnehmen. Sahne und Safranfond in die Pfanne geben und 2 Minuten bei hoher Temperatur einkochen lassen. Mit Salz und Cayennepfeffer abschmecken. Die Garnelen wieder in die Pfanne geben.

4. Nudeln nach Packungsabgabe in Salzwasser bissfest garen. Abgießen, kurz abtropfen lassen, mit der Petersilie unter die Garnelen heben. In tiefen Tellern servieren.

Variante Tagliatelle mit Safran und Jakobsmuscheln

- 10 Minuten
100 ml Fischfond
(aus dem Glas)
8 ausgelöste Jakobsmuscheln

Fischfond erhitzen und den Safran darin auflösen. Jakobsmuscheln kalt abbrausen, mit Küchenpapier trockentupfen und quer teilen. Wie ab Step 3 beschrieben statt der Garnelen die Muscheln braten. Fond mit Sahne einkochen. Nudeln kochen und alles vermischen.

Penne
mit roten Zwiebeln und Tomaten

25 Minuten | Für 2 Personen

1 rote Zwiebel
1 Knoblauchzehe
6 getrocknete Tomaten (in Öl) + 4 EL Öl aus dem Glas
150 g Kirschtomaten
200 g Penne rigate
Salz
2 EL Pinienkerne
1 TL Tomatenmark
frisch gemahlener schwarzer Pfeffer
2 Stängel Basilikum

1. Die Zwiebel abziehen, längs halbieren und die Hälften in feine Spalten schneiden. Den Knoblauch abziehen und fein hacken. Die getrockneten Tomaten abtropfen lassen und fein würfeln. Die Kirschtomaten waschen und halbieren.

2. Penne in reichlich Salzwasser nach Packungsangabe bissfest garen. Inzwischen das Tomatenöl in einer Pfanne erhitzen. Zwiebel, Knoblauch, Pinienkerne und Tomatenmark darin 2–3 Minuten anbraten. Getrocknete Tomaten und Kirschtomaten etwa 5 Minuten unter gelegentlichem Umrühren mitbraten, salzen und pfeffern.

3. Das Basilikum abbrausen, trockenschütteln und die Blätter kleiner zupfen. Die Nudeln in ein Sieb abgießen, kurz abtropfen lassen, in die Pfanne geben und untermischen. In zwei tiefe Teller verteilen und die Basilikumblättchen darüberstreuen.

Variante Penne mit Salsiccia-Bällchen

+ 5 Minuten

200 g rohe Salsiccia (italienische Bratwurst)
2 EL Olivenöl
1 kleine Dose stückige Tomaten (400 g)
1 Peperoncino (getrocknete Chilischote)

1. Zwiebel und Knoblauch abziehen und fein hacken. Salsiccia so aus der Pelle drücken, dass walnussgroße Bällchen entstehen. 2–3 Minuten mit Zwiebel, Knoblauch und Tomatenmark im Olivenöl braten.

2. Die stückigen Tomaten dazugeben, Peperoncino dazubröseln und alles etwa 10 Minuten bei milder Temperatur zugedeckt garen. Inzwischen die Nudeln garen, abgießen und alles mischen.

Tortellini
in Limoncellosauce

15 Minuten | Für 2 Personen

100 g Mascarpone
½ TL abgeriebene, unbehandelte Zitronenschale
2 EL Limoncello (italienischer Zitronenlikör)
Salz
frisch gemahlener schwarzer Pfeffer
Zucker
300 g Tortellini (aus der Kühltheke)
1 Stängel Zitronenmelisse

1. Mascarpone in einer Pfanne bei schwacher Temperatur schmelzen. Zitronenschale und Limoncello unterrühren und mit Salz, Pfeffer und Zucker abschmecken.

2. Tortellini nach Packungsangabe in reichlich Salzwasser garen. Mit einem Schaumlöffel aus dem Wasser heben, in die Sauce geben und darin vorsichtig wenden.

3. Die Zitronenmelisse abbrausen, trockenschütteln und die Blätter kleiner zupfen. Die Tortellini in zwei tiefe Teller geben und mit der Zitronenmelisse bestreuen.

Variante in Tomaten-Mascarpone-Sauce

± 0 Minuten

1 TL Tomatenmark
10 Kirschtomaten
½ Knoblauchzehe
Cayennepfeffer
1 Stängel Basilikum

1. Den Mascarpone mit dem Tomatenmark verrühren und schmelzen. Die Kirschtomaten waschen, klein schneiden und dazugeben. Knoblauch abziehen und dazupressen. Mit Salz und Cayennepfeffer abschmecken.

2. Die Tortellini wie beschrieben garen und untermischen. Basilikum abbrausen, trockenschütteln, Blättchen abzupfen und daraufstreuen.

Rigatoni
mit Thunfisch und Kapern

20 Minuten | Für 2 Personen

1 Dose Thunfisch (in Öl, 185 g Abtropfgewicht)
2 EL kleine Kapern (aus dem Glas)
1 kleine Zwiebel
200 g Rigatoni
Salz
1 Packung Tomatenpüree (370 g)
1 TL getrockneter Oregano
frisch gemahlener schwarzer Pfeffer

1. Den Thunfisch in ein Sieb abgießen, dabei 2 EL Öl auffangen und in eine Pfanne geben. Die Kapern ebenfalls abtropfen lassen. Die Zwiebel abziehen und fein würfeln.

2. Rigatoni nach Packungsangabe in reichlich Salzwasser bissfest garen. Inzwischen das Thunfischöl in der Pfanne erhitzen und die Zwiebel darin glasig schwitzen. Thunfisch, Kapern, Tomatenpüree und Oregano unterrühren und alles etwa 5 Minuten offen köcheln lassen. Salzen und pfeffern.

3. Nudeln in ein Sieb abgießen, kurz abtropfen lassen und in zwei tiefe Teller verteilen. Die Sauce daraufgeben.

Variante Farfalle mit Fenchelsalami

± 0 Minuten

200 g Farfalle
2 EL Olivenöl
½ TL Fenchelsamen (im Mörser grob zerstoßen)
80 g Fenchelsalami (in Scheiben)
1 EL frisch gehackte Petersilie

1. Farfalle nach Packungsangabe in reichlich Salzwasser bissfest garen. Inzwischen das Olivenöl in einer Pfanne erhitzen, Zwiebel und Fenchelsamen darin anschwitzen. Tomatenpüree dazugeben, etwa 5 Minuten einkochen lassen, salzen und pfeffern.

2. Die Salamischeiben halbieren und in breite Streifen schneiden. Kurz vor dem Servieren mit der Petersilie unter die Tomatensauce mischen und auf die Nudeln geben.

Fenchel-Risotto

mit Orange

30 Minuten | Für 2 Personen

800 ml Gemüsebrühe
60 g Butter
150 g Risottoreis (z. B. Arborio, Carnaroli oder Vialone)
200 ml trockener Weißwein (alternativ Brühe)
1 kleine Fenchelknolle
1 unbehandelte Orange
1 EL Pinienkerne
Salz
frisch gemahlener schwarzer Pfeffer

1. Die Brühe erhitzen. In einem Topf 1 EL Butter schmelzen und den Reis darin 1 Minute anschwitzen. Mit dem Wein ablöschen und diesen vollständig einkochen lassen. Ab jetzt immer, wenn der Reis die Flüssigkeit aufgesogen hat, eine Kelle heiße Brühe dazugeben und regelmäßig umrühren.

2. Inzwischen den Fenchel waschen, putzen und in feine Streifen schneiden. Die Orange heiß abbrausen, trockentupfen und die Schale mit einem Zestenreißer abziehen. Die Orange anschließend dick schälen und das Fruchtfleisch klein würfeln.

3. In einer Pfanne 1 EL Butter schmelzen. Fenchel mit den Pinienkernen darin 4–5 Minuten unter Rühren braten. Orangenzesten und -stückchen dazugeben und zugedeckt erwärmen.

4. Wenn der Reis nach 22–24 Minuten gar, aber noch bissfest ist, noch ½ Kelle Brühe und die übrige Butter unterrühren. Die Fenchelmischung unterheben und alles mit Salz und Pfeffer abschmecken.

Variante Fenchel-Risotto mit Kräutern und Lachs

± 0 Minuten
200 g Lachsfilet
1 EL gehackte Kräuter (Fenchelgrün, Dill, Petersilie)

Risotto wie beschrieben zubereiten. Lachsfilet abbrausen, trockentupfen und in 2 cm große Würfel schneiden. Den Fenchel (ohne Pinienkerne und Orange) braten. Lachswürfel dazugeben und in etwa 3 Minuten zugedeckt gar ziehen lassen. Zum Schluss mit den Kräutern unter den Risotto heben.

Safranrisotto

mit Garnelen und Melone

30 Minuten | Für 4 Personen

2 Schalotten
750 ml Gemüsebrühe
2 EL Olivenöl
300 g Risottoreis (z. B. Arborio, Carnaroli oder Vialone)
250 ml trockener Weißwein (alternativ Brühe)
2 Döschen Safranfäden (0,2 g)
½ reife Galia-Melone
40 g Butter
200 g Partygambas (Kühltheke)
Salz
frisch gemahlener schwarzer Pfeffer

1. Schalotten abziehen und fein hacken. Brühe erhitzen. In einem Topf das Öl erhitzen, Schalotten darin 1 Minute glasig schwitzen. Reis etwa 1 Minute unter Rühren mitbraten, bis alle Reiskörner mit einer feinen Ölschicht überzogen sind. Wein angießen und ganz einkochen lassen.

2. Immer, wenn der Reis die Flüssigkeit aufgesogen hat, eine Kelle heiße Brühe dazugeben und regelmäßig umrühren. Nach etwa 10 Minuten den Safran in einer Tasse mit heißer Brühe auflösen und dazugeben.

3. Aus der Melone Kugeln ausstechen. Wenn der Reis nach 22–24 Minuten gar, aber noch bissfest ist, noch ½ Kelle Brühe und die Butter unterrühren. Die Gambas mit den Melonenkugeln unter den Risotto heben, salzen und pfeffern. Zugedeckt 3 Minuten ruhen lassen, bis sich Gambas und Melone erwärmt haben, dann in Schalen verteilen.

Variante Zitronenrisotto mit Melonenkugeln

± 0 Minuten
1 unbehandelte Zitrone
40 g frisch geriebener Parmesan
Fruchtfleisch von ½ Cantaloupe-Melone, in Kugeln
Zucker

Risotto wie beschrieben (ohne Safran und Gambas) zubereiten. Zitrone heiß abbrausen, trockentupfen und die Schale fein abreiben. Frucht halbieren und Saft auspressen. Dann Zitronensaft und -schale, Butter und Parmesan unterrühren. Die Melonenkugeln unterheben und alles mit Salz, Pfeffer und Zucker abschmecken.

Rotweinrisotto

mit Radicchio und Birne

30 Minuten | Für 4 Personen

2 Schalotten
600 ml Gemüsebrühe
60 g Butter
300 g Risottoreis
(z. B. Arborio, Carnaroli oder Vialone)
400 ml trockener Rotwein
(z. B. Merlot)
50 g Parmesan (am Stück)
2 reife Birnen
100 g Radicchio
Salz
frisch gemahlener schwarzer Pfeffer

1. Die Schalotten abziehen und fein hacken. Brühe erhitzen. In einem Topf 1 EL Butter schmelzen und die Schalotten darin glasig schwitzen. Den Reis dazugeben und 1 Minute mitdünsten. Mit der Hälfte des Rotweins ablöschen und diesen einkochen lassen. Ab jetzt, immer wenn der Reis die Flüssigkeit aufgesogen hat, erst den übrigen Wein, dann jeweils eine Schöpfkelle Brühe hinzufügen und regelmäßig umrühren.

2. Den Parmesan reiben. Birnen schälen, vom Kerngehäuse befreien und klein würfeln. Radicchio putzen, waschen und in Streifen schneiden.

3. Nach 22–24 Minuten Garzeit ist der Reis gar, aber noch bissfest. Dann noch ½ Kelle Brühe, die übrige Butter, den Parmesan, die Birnenwürfelchen und den Radicchio unterrühren und mit Salz und Pfeffer abschmecken. Vor dem Servieren 3 Minuten zugedeckt ruhen lassen.

Variante Rotweinrisotto mit Birne und Speck

± 0 Minuten
8 Scheiben Südtiroler Speck

1. Den Risotto wie beschrieben (ohne Radicchio) zubereiten.

2. Den Speck in eine kalte beschichtete Pfanne legen, auf mittlerer Stufe erwärmen und von beiden Seiten knusprig braten. Den Speck auf Küchenpapier abtropfen lassen, in Stücke brechen und den Rotweinrisotto damit garnieren.

Fisch & Fleisch

Doradenfilets

mit Tomaten, Oliven und Kapern

25 Minuten | Für 4 Personen

250 g Kirschtomaten
je ½ Bund Petersilie und Koriander
1–2 Knoblauchzehen
120 g grüne Oliven
2 EL kleine Kapern (aus dem Glas)
4 EL Olivenöl
Salz
frisch gemahlener schwarzer Pfeffer
4 Doradenfilets (mit Haut, à ca. 125 g)

1. Die Tomaten waschen und halbieren. Die Kräuter abbrausen, trockenschütteln und die Blätter grob hacken. Den Knoblauch abziehen und fein hacken. Oliven und Kapern abtropfen lassen.

2. In einer Pfanne 2 EL Öl erhitzen. Tomaten, Knoblauch, Oliven und Kapern darin 3 Minuten braten. Salzen und pfeffern, die Kräuter unterrühren.

3. Die Fischfilets kalt abbrausen, mit Küchenpapier trockentupfen und salzen. Das übrige Öl in einer beschichteten Pfanne erhitzen. Die Fischfilets darin 2 Minuten auf der Hautseite anbraten, dabei mit einem Pfannenwender andrücken, damit die Haut schön kross wird. Die Fischfilets wenden, die Pfanne vom Herd ziehen und den Fisch auf der anderen Seite 1 Minute nachziehen lassen. Mit der Kirschtomatenmischung auf vorgewärmten Tellern anrichten.

Variante Doradenfilets auf Blattspinat

± 0 Minuten
1 kg Babyspinat
frisch geriebene Muskatnuss

1. Spinat waschen und verlesen. Tropfnass mit einer kräftigen Prise Salz in einen großen Topf geben. Knoblauchzehe abziehen, halbieren und dazugeben. Zugedeckt bei starker Temperatur zusammenfallen lassen, gelegentlich umrühren. In ein Sieb abgießen, mit Pfeffer und Muskat würzen, Knoblauch entfernen.

2. Die Fischfilets wie beschrieben braten. Den Spinat auf Teller geben, jeweils ½ EL Olivenöl darüberträufeln und die Doradenfilets darauf anrichten.

Seeteufel
mit Gemüsenudeln

25 Minuten | Für 2 Personen

1 kleiner Zucchino
1 Karotte
300 g Seeteufelfilet
2 EL Olivenöl
Salz
frisch gemahlener schwarzer Pfeffer
100 ml trockener Weißwein
100 g Sahne
250 g frische Bandnudeln (aus der Kühltheke)

1. Den Zucchino waschen, 1–2-mal bis zur Mitte längs einschneiden und mit dem Sparschäler dünne, bandnudelförmige Streifen abziehen. Dann den Zucchino wenden, wieder längs einschneiden und weiter Streifen abhobeln. Karotte schälen, putzen und ebensolche Gemüsestreifen daraus machen.

2. Den Fisch kalt abbrausen, mit Küchenpapier trockentupfen und quer in 6 Medaillons schneiden. Das Öl in einer Pfanne erhitzen. Die Seeteufelmedaillons von jeder Seite 2 Minuten braten, salzen und pfeffern und herausnehmen. Weißwein und Sahne in die Pfanne geben und cremig einkochen. Fisch wieder dazugeben und etwa 2 Minuten zugedeckt ziehen lassen.

3. Nudeln nach Packungsangabe in Salzwasser bissfest garen, in den letzten 2 Minuten die Gemüsestreifen dazugeben. In ein Sieb abgießen und kurz abtropfen lassen. Auf zwei Teller verteilen und die Seeteufelmedaillons samt Sauce daraufgeben.

Variante Seeteufel in Estragon-Mascarponesauce

- 10 Minuten
80 g Mascarpone
100 ml Fischfond (aus dem Glas, alternativ Gemüsebrühe)
2 EL frisch gehackte Estragonblätter
1–2 TL Zitronensaft

Seeteufelmedaillons wie beschrieben braten, würzen und herausnehmen. Mascarpone mit Fischfond in die Pfanne geben und einkochen lassen. Estragon dazugeben und die Sauce mit Salz, Pfeffer und Zitronensaft abschmecken. Seeteufelmedaillons in die Sauce geben und 2 Minuten ziehen lassen. Dazu schmeckt Reis.

Saltimbocca alla Romana

30 Minuten | Für 2 Personen

20 g Butter
2 große dünne Kalbsschnitzel (à ca. 150 g)
2 Scheiben luftgetrockneter Schinken (Parma oder San Daniele, à ca. 15 g)
6 frische Salbeiblätter
Salz
frisch gemahlener schwarzer Pfeffer
Holzspießchen
2 EL Olivenöl
100 ml Marsala (oder Sherry medium)

1. Butter klein würfeln und ins Tiefkühlfach geben. Schnitzel wie den Schinken quer in je 3 Stücke schneiden. Salbei abbrausen und trockentupfen. Die Schnitzelchen salzen und pfeffern, jeweils 1 Salbeiblatt und 1 Stück Schinken daraufgeben und mit Holzspießchen zusammenstecken.

2. Das Öl in der Pfanne erhitzen, die Schnitzel darin 2 Minuten auf der Schinkenseite anbraten, wenden und etwa 2 Minuten weiterbraten. Herausnehmen und warm halten. Den Bratensatz mit dem Marsala ablöschen und 1 Minute einkochen lassen. Die kalte Butter einrühren, die Schnitzelchen wieder in die Pfanne geben und 3 Minuten darin bei milder Temperatur zugedeckt ziehen lassen. Dazu schmecken Bandnudeln.

Variante Kalbsschnitzel in Marsalasauce

- 10 Minuten
4 EL Sahne

Die Schnitzel (ungeteilt, ohne Schinken und Salbei) salzen und pfeffern und im Öl anbraten. Herausnehmen. Den Bratensatz mit Marsala ablöschen, Sahne dazugeben und in etwa 3 Minuten cremig einkochen lassen. Dazu schmeckt Reis.

Scaloppine
al limone mit Rosmarinkartoffeln

30 Minuten | Für 2 Personen

6 EL Olivenöl
Zesten und Saft von einer unbehandelten Zitrone
2 Kalbsschnitzel (à ca. 140 g)
400 g vorwiegend festkochende Kartoffeln
1–2 Zweige frischer Rosmarin
Salz
frisch gemahlener schwarzer Pfeffer
20 g Butter
1 EL Kapern (aus dem Glas)
Zucker

1. Zunächst 2 EL Öl mit den Zitronenzesten mischen. Schnitzel in dem Zitronenöl wenden. Beiseite stellen.

2. Die Kartoffeln schälen, waschen und 1 cm groß würfeln. Rosmarin abbrausen, die Nadeln abstreifen und grob hacken. Das übrige Öl in einer beschichten Pfanne erhitzen, Kartoffelwürfel darin in 12–15 Minuten bei mittlerer Temperatur goldbraun braten, nach der Hälfte der Garzeit den Rosmarin dazugeben.

3. Eine Pfanne erhitzen. Die marinierten Schnitzel salzen und pfeffern und darin von jeder Seite etwa 2 Minuten braten. Herausnehmen und warm halten. Zitronensaft, Butter, Kapern und 1 Prise Zucker dazugeben. Die Schnitzel einlegen und 3 Minuten bei milder Temperatur zugedeckt ziehen lassen. Die Kartoffeln salzen und dazu servieren.

Variante Scaloppine mit Balsamico-Honig-Sauce

- 15 Minuten
1 EL flüssiger Honig
2 EL Balsamico-Essig

1. Die Schnitzel salzen und pfeffern. 2 EL Olivenöl in der Pfanne erhitzen, Schnitzel von jeder Seite etwa 2 Minuten braten. Herausnehmen und warm halten.

2. Honig, Essig, Butter und 2 EL Wasser in die Pfanne geben und erhitzen. Die Schnitzel auf vorgewärmte Teller geben. Den Bratensaft, der sich beim Warmhalten abgesetzt hat, unter die Sauce rühren und die Schnitzel damit überziehen.

Kalbsschnitzel
mit Pinienkern-Thymian-Panade

30 Minuten | Für 4 Personen

2 altbackene trockene Brötchen
30 g Pinienkerne
4–5 Zweige Thymian
3 EL Weizenmehl Type 405
1 Ei
2 EL Milch
4 dünne Kalbsschnitzel (à ca. 120 g, aus der Oberschale)
Salz
frisch gemahlener schwarzer Pfeffer
neutrales Pflanzenöl zum Ausbacken

1. Die Brötchen entrinden und würfeln. Thymian abbrausen, trockenschütteln und die Blättchen abstreifen. Beides mit den Pinienkernen im Blitzhacker zu feinen Bröseln verarbeiten. Die Brösel auf einen Teller, das Mehl auf einen weiteren Teller geben. Das Ei in einem tiefen Teller mit der Milch verquirlen.

2. Schnitzel salzen und pfeffern. Zuerst im Mehl wenden und den Überschuss abklopfen. Dann durch das verschlagene Ei ziehen und etwas abtropfen lassen. Schließlich in den Bröseln wenden und die Panade sanft andrücken.

3. In einer Pfanne 1 knappen Zentimeter hoch Öl erhitzen. Die Schnitzel darin bei mittlerer Temperatur von beiden Seiten in 2–3 Minuten goldbraun braten. Herausheben, auf Küchenpapier kurz abtropfen lassen und sogleich servieren. Dazu schmeckt der gegrillte grüne Spargel von Seite 88.

Variante Parmesanschnitzel

- 5 Minuten
30 g Parmesan (am Stück)
120 g Semmelbrösel

Den Parmesan fein reiben und mit den Semmelbröseln mischen. Die Schnitzel wie oben beschrieben würzen, panieren und braten. Schmeckt fein zu weißem Spargel.

Schweinefilet
mit Knoblauch und Chili

25 Minuten | Für 4 Personen

6 junge Knoblauchzehen
1–2 große rote Chilischoten
1 EL frische Thymianblättchen
2 EL weißer Balsamico-Essig
5 EL Olivenöl
600 g Schweinefilet
Salz
frisch gemahlener schwarzer Pfeffer

1. Knoblauch abziehen und durchpressen. Die Chilischoten abbrausen, längs aufschneiden, putzen und fein schneiden. Beides mit Thymian, Essig und 3 EL Olivenöl verrühren.

2. Das Filet kalt abbrausen, mit Küchenpapier trockentupfen, in 12 Scheiben schneiden, salzen und pfeffern. Das übrige Öl in einer Pfanne erhitzen und die Medaillons von jeder Seite 2 Minuten anbraten. Die Knoblauchmischung darüber verteilen und das Fleisch bei mittlerer Temperatur etwa 3 Minuten weitergaren, dabei einmal wenden. Dazu schmecken Rucolasalat und knuspriges Ciabatta.

Variante Schweinemedaillons mit Funghi porcini

+ 15 Minuten

500 g frische Steinpilze
je 1 EL frisch gehackte Petersilie und Estragonblätter
1 TL Zitronensaft
20 g Butter

1. Den Backofen samt einer ofenfesten Form auf 70 °C (Ober-/Unterhitze) vorheizen. Die Pilze putzen und in Scheiben schneiden. Schweinemedaillons von jeder Seite 3 Minuten im Öl braten, in die Form geben und warm halten.

2. Die Pilze 3–4 Minuten bei hoher Temperatur im Bratensatz braten. 1 Knoblauchzehe abziehen und dazupressen. Die Kräuter unterrühren und mit Salz, Pfeffer und Zitronensaft würzen. Die Butter in Flöckchen dazugeben und durchschwenken. Auf die Schweinemedaillons geben und servieren. Dazu schmecken Bandnudeln.

Lammkoteletts

mit Salsa verde

30 Minuten | Für 4 Personen

2 Bund gemischte Kräuter (z. B. Basilikum, Estragon, Kerbel, Petersilie)
2 Frühlingszwiebeln
3 Sardellen (in Öl)
1 Knoblauchzehe
3 EL weißer Balsamico-Essig
8 EL Olivenöl
frisch gemahlener schwarzer Pfeffer
12 Lammstielkoteletts (à ca. 70 g)
Salz

1. Die Kräuter abbrausen und trockenschütteln. Die Frühlingszwiebeln waschen, putzen und fein hacken. Die Sardellen abtropfen lassen und fein hacken. Den Knoblauch abziehen und durchpressen. Alles mit dem Essig und 6 EL Öl verrühren und mit Pfeffer abschmecken und pürieren.

2. Lammkoteletts kalt abbrausen, mit Küchenpapier trockentupfen. Das übrige Öl in einer Pfanne erhitzen und die Lammkoteletts darin portionsweise von jeder Seite 2–3 Minuten braten. Leicht salzen und mit der Salsa verde servieren. Dazu schmecken ein bunter Salat und Rosmarinkartoffeln.

Variante Lammkoteletts mit Melonen-Kichererbsen-Salat

± 0 Minuten

1 kleine Dose Kichererbsen (425 g)
1 Galia-Melone
2 Stängel frische Minze
Saft von 1 Zitrone

1. Die Kichererbsen in ein Sieb abgießen, kalt abbrausen und abtropfen lassen. Die Melone halbieren, entkernen, schälen und klein würfeln. Die Minze abbrausen, trockenschütteln und die Blätter fein schneiden.

2. Den Zitronensaft mit Salz und Pfeffer verrühren und nur 4 EL Olivenöl unterschlagen. Minze, Kichererbsen und Melone dazugeben und durchmischen. Zu den Lammkoteletts servieren.

Hähnchenbrust
mit Kräuter-Honig-Sud

30 Minuten | Für 4 Personen

4 Hähnchenbrustfilets (à ca. 150 g)
Salz
frisch gemahlener schwarzer Pfeffer
2 EL Olivenöl
1 EL flüssiger Honig
2 Zweige frischer Rosmarin
1 Zweig frischer Salbei
½ Bund Thymian
150 ml trockener Weißwein

1. Die Hähnchenbrustfilets kalt abbrausen, mit Küchenpapier trockentupfen, salzen und pfeffern.

2. Das Öl in einer Pfanne erhitzen. Die Hähnchenbrustfilets darin 2–3 Minuten anbraten. Den Honig darüberträufeln, das Fleisch mehrfach wenden und von beiden Seiten in weiteren 2–3 Minuten goldbraun braten.

3. Die Kräuterzweige abbrausen und dazugeben, den Wein angießen. Zugedeckt bei mittlerer Temperatur 10–12 Minuten garen. Die Kräuterzweige entfernen und das Fleisch mit dem aromatischen Bratensaft servieren. Dazu schmecken Bandnudeln oder Kartoffeln vom Blech.

Variante Zitronen-Lorbeer-Hähnchenbrust

± 0 Minuten
2 unbehandelte Zitronen
2–3 frische Lorbeerblätter (oder 1 getrocknetes Lorbeerblatt)

Die Hähnchenbrustfilets wie beschrieben vorbereiten und anbraten. Die Zitronen heiß abbrausen, trockentupfen, in Spalten schneiden und mit den Lorbeerblättern dazugeben. Wein angießen und die Filets wie oben beschrieben schmoren lassen und servieren.

Involtini

mit Pestofüllung

30 Minuten | Für 2 Personen

1 großes Bund Basilikum
1 Knoblauchzehe
2 EL Pinienkerne
100 ml Olivenöl
2 EL frisch geriebener Parmesan
Salz
frisch gemahlener schwarzer Pfeffer
4 dünne Putenschnitzel (à ca. 70 g)
Holzspießchen
150 ml trockener Weißwein (oder Gemüsebrühe)

1. Basilikum abbrausen und trockenschütteln, die Blätter abzupfen. Den Knoblauch abziehen und hacken. Beides mit den Pinienkernen und 80 ml Öl pürieren (bei Bedarf etwas mehr Öl zufügen). Parmesan unterrühren, Pesto salzen und pfeffern.

2. Die Putenschnitzel kalt abbrausen, mit Küchenpapier trockentupfen, zwischen zwei Lagen Klarsichtfolie flach klopfen und leicht salzen. Mit dem Pesto bestreichen, aufrollen und mit Holzspießchen zusammenstecken.

3. Übriges Öl in einer Pfanne erhitzen, Putenröllchen darin rundum anbraten. Wein bzw. Brühe angießen, Involtini bei mittlerer Temperatur zugedeckt etwa 10 Minuten schmoren lassen. Je zwei Röllchen mit Sauce auf vorgewärmte Teller geben. Dazu schmecken Bandnudeln.

Variante Involtini mit Schinken und Paprika

± 0 Minuten
2 Scheiben Parmaschinken
1–2 gegrillte Paprikaschoten (in Öl, aus dem Glas)

Die Schinkenscheiben quer halbieren. Die Paprikaschoten abtropfen lassen und klein schneiden. Die Putenschnitzel damit füllen (ohne Pesto) und wie beschrieben anbraten und schmoren. Dazu passt hervorragend Reis.

Vegetarisch

Grüner Spargel mit Spiegelei

20 Minuten | Für 2 Personen

500 g grüner Spargel
1 EL Olivenöl
1 EL Butter
2 Eier
Salz
frisch gemahlener schwarzer Pfeffer
20 g Parmesan (am Stück)

1. Den Spargel im unteren Drittel schälen, die Stangen waschen, trockentupfen und längs halbieren. Eine Grillpfanne erhitzen und die Stege mit Olivenöl einpinseln. Den Spargel darin bei mittlerer Temperatur unter regelmäßigem Wenden 6–7 Minuten braten.

2. Gleichzeitig in einer beschichteten Pfanne die Butter schmelzen, die Eier hineinschlagen und in 3–4 Minuten bei mittlerer Temperatur zu Spiegeleiern braten. Mit Salz und Pfeffer würzen.

3. Den Spargel salzen und pfeffern und auf zwei Teller geben. Jeweils ein Spiegelei daraufsetzen und den Parmesan mit einem Sparschäler darüberhobeln.

Variante Grüner Spargel mit Zitronenbutter und Pecorino

± 0 Minuten
1 unbehandelte Zitrone
1–2 Zweige Zitronenthymian
40 g weiche Butter
20 g Pecorino (am Stück)

1. Den Spargel wie beschrieben schälen, waschen, halbieren und braten.

2. Inzwischen die Zitrone heiß abbrausen, trockentupfen und die Schale mit dem Zestenreißer abziehen. Den Zitronenthymian abbrausen, trockenschütteln, die Blättchen abstreifen und fein hacken. Zitronenzesten und Zitronenthymian mit 1 Prise Salz unter die Butter rühren. Statt des Spiegeleis auf den Spargel geben und schmelzen lassen. Pecorino statt Parmesan darüberhobeln.

Orangen-Fenchel
mit Pinienkernen

25 Minuten | Für 2 Personen

30 g Pinienkerne
½ TL Fenchelsamen
400 g Fenchelknollen
2 Orangen
2 EL Olivenöl
Salz
1 TL flüssiger Honig
frisch gemahlener schwarzer Pfeffer

1. Die Pinienkerne in einer beschichteten Pfanne ohne Fettzugabe goldbraun rösten und herausnehmen. Die Fenchelsamen im Mörser grob zerstoßen.

2. Den Fenchel waschen, das Grün abschneiden und beiseite legen. Die Knollen längs teilen, den Strunk entfernen und die Hälften in feine Spalten schneiden. 1 Orange schälen, in Spalten teilen und diese klein schneiden. Die andere Orange auspressen.

3. Das Öl einer großen Pfanne erhitzen und den Fenchel darin 3–4 Minuten anbraten. Salz, Honig und Fenchelsamen dazugeben und mit dem Orangensaft ablöschen. Zugedeckt 3–4 Minuten schmoren lassen. Orangenstückchen dazugeben und 1 Minute mit erwärmen. Den Orangen-Fenchel in zwei Schalen geben und mit den gerösteten Pinienkernen und dem Fenchelgrün garnieren.

Variante Tomaten-Fenchel mit Oliven

± 0 Minuten

2 Strauchtomaten
1 kleines Bund Basilikum
100 ml fruchtiger Weißwein
1 Handvoll schwarze Oliven (ohne Stein)

1. Den Fenchel wie beschrieben vorbereiten und anbraten. Die Tomaten waschen und klein würfeln. Basilikum abbrausen, trockenschütteln, die Blätter klein zupfen.

2. Mit Weißwein statt Orangensaft ablöschen, Tomaten und Oliven statt Orangenstückchen dazugeben und zugedeckt schmoren lassen. Salzen, pfeffern und Basilikum untermischen und alles auf Teller verteilen. Dazu schmeckt knuspriges Ciabatta.

Kräuterpolenta mit Pilzen

30 Minuten | Für 4 Personen

500 ml Milch
Salz
250 g Polentagrieß
600 g gemischte Pilze (z. B. Steinpilze, Austernpilze, Kräuterseitlinge, braune Champignons)
4 EL Olivenöl
frisch gemahlener schwarzer Pfeffer
je ½ Bund Petersilie und Oregano
3–4 Zweige Thymian
1 EL Butter
2 EL frisch geriebener Parmesan

1. In einem Topf die Milch mit 500 ml Wasser aufkochen und 1 gehäuften TL Salz hinzufügen. Den Polentagrieß langsam unter ständigem Rühren einrieseln lassen und nach Packungsanweisung zu einem dicken Brei kochen.

2. Inzwischen die Pilze putzen und in mundgerechte Stücke schneiden. Das Öl in einer Pfanne erhitzen und die Pilze darin 5–6 Minuten braten, dabei gelegentlich umrühren und zum Schluss salzen und pfeffern.

3. Die Kräuter abbrausen, trockenschütteln, die Blätter fein hacken. Mit der Butter und dem Parmesan unter die Polenta führen. Die Kräuterpolenta in tiefe Teller geben und die Pilze darauf anrichten.

Variante Polentaschnitten mit Pilzragout

+ 30 Minuten
2 EL Olivenöl
200 g Sahne

1. Die Polenta ohne Kräuter zubereiten, auf ein mit Backpapier belegtes Brett geben, gleichmäßig etwa 2 cm dick ausstreichen und auskühlen lassen. Dann in Rauten schneiden, diese in einer beschichteten Pfanne je Seite 2–3 Minuten im Olivenöl braten.

2. Die Pilze wie beschrieben anbraten. Sahne dazugeben und cremig einkochen lassen. Die gehackten Kräuter unter die Pilze rühren, salzen und pfeffern. Die Polentarauten auf Teller geben und das Pilzragout dazu anrichten.

Auberginenragout mit Brotbröseln

30 Minuten | Für 2 Personen

1 Aubergine (ca. 300 g)
Salz
1–2 Knoblauchzehen
1 Zwiebel
1 Fleischtomate
50 g trockenes Weißbrot
5 EL Olivenöl
½ TL getrockneter Oregano
frisch gemahlener schwarzer Pfeffer

1. Die Aubergine waschen, putzen, klein würfeln, mit Salz bestreuen und etwa 10 Minuten Wasser ziehen lassen. Inzwischen den Knoblauch und die Zwiebel abziehen und fein hacken. Die Tomate waschen und würfeln.

2. Das Weißbrot entrinden, klein schneiden und im Blitzhacker nicht zu fein zerkleinern. Mit 2 EL Öl in eine Pfanne geben und unter Rühren goldbraun rösten.

3. Das übrige Öl (3 EL) in einer anderen Pfanne erhitzen. Auberginen gut ausdrücken, mit Küchenpapier trockentupfen und darin anbraten. Mit Zwiebel und Knoblauch etwa 5 Minuten unter Rühren braten. Tomaten und Oregano dazugeben, etwa 5 Minuten zugedeckt schmoren lassen. Mit Salz und Pfeffer abschmecken. In Schalen geben und die Brotbrösel aufstreuen.

Variante Auberginenragout mit Ricotta salata

- 5 Minuten
1 Bund Basilikum
120 g Ricotta salata (festerer Ricotta, ersatzweise 30 g Parmesan in Spänen)

1. Das Auberginenragout wie oben beschrieben (ohne Oregano) zubereiten. Brotbrösel weglassen.

2. Basilikum abbrausen, trockenschütteln und die Blätter klein zupfen. Vor dem Servieren unterrühren. In Schalen geben und den Ricotta salata daraufbröseln.

Gnocchi

mit Mangold und Gorgonzola

25 Minuten | Für 4 Personen

500 g Mangold
1 kleine Zwiebel
1 Knoblauchzehe
250 g Gnocchi
(aus der Kühltheke)
Salz
4 EL Olivenöl
1 EL Mandelstifte
frisch gemahlener schwarzer Pfeffer
50 g Sahnegorgonzola

1. Den Mangold putzen, waschen und abtropfen lassen. Die weißen Stiele keilförmig aus den Blättern herausschneiden und klein schneiden. Die Blätter grob zerpflücken. Zwiebel und Knoblauch abziehen und fein hacken.

2. Gnocchi nach Packungsanweisung in Salzwasser garen. Inzwischen das Öl in einer großen Pfanne erhitzen. Knoblauch, Mandelstifte und Mangoldstängel darin etwa 3 Minuten unter Rühren anbraten. Die Mangoldblätter nach und nach dazugeben und unter Rühren zusammenfallen lassen. Mit Salz und Pfeffer abschmecken.

3. Die Gnocchi abgießen und in tiefe Teller geben. Den Mangold darauf verteilen und den Sahnegorgonzola in Flöckchen daraufsetzen.

Variante Orangen-Gnocchi

- 10 Minuten
1 unbehandelte Orange
1 Zweig Rosmarin
2 EL Mascarpone

1. Die Orange heiß abbrausen, trockentupfen und die Schale mit einem Zestenreißer abziehen. Dann die Orange auspressen. Rosmarin abbrausen, trockenschütteln. Orangensaft mit Knoblauch und Rosmarinzweig auf die Hälfte einkochen. Mascarpone unterrühren und cremig einkochen. Rosmarin entfernen, alles salzen, pfeffern und Orangenzesten unterrühren.

2. Gnocchi wie beschrieben garen, abgießen, auf Teller geben und die Orangensauce darüber verteilen.

Zucchinispaghetti
mit Mandelpesto

20 Minuten | Für 2 Personen

40 g Parmesan (am Stück)
je 1 kleines Bund Basilikum und Zitronenmelisse
1 junge Knoblauchzehe
30 g gehäutete Mandelkerne
80 ml Mandelöl (oder mildes Olivenöl)
Salz
frisch gemahlener schwarzer Pfeffer
2 Zucchini (à ca. 200 g, nach Belieben je 1 grüne und gelbe)

1. Den Parmesan reiben. Kräuter abbrausen, trockenschütteln und die Blätter abzupfen. Knoblauch abziehen und hacken. Mandeln, Kräuter, Knoblauch und Öl fein pürieren (bei Bedarf noch mehr Öl zufügen). Die Hälfte des Parmesans unterrühren und das Pesto mit Salz und Pfeffer abschmecken.

2. Die Zucchini waschen, putzen, trockentupfen und im Spiralschneider zu Spaghetti schneiden. Alternativ in sehr dünne, lange Streifen schneiden. Dann in Salzwasser etwa 1 Minute blanchieren.

3. Das Pesto in einer heiß ausgewaschenen Schüssel mit 2 EL Zucchinikochwasser glatt rühren. Die Zucchini in ein Sieb abgießen, in die Schüssel geben und vorsichtig durchmischen. In zwei tiefe Teller verteilen und mit dem übrigen Parmesan bestreut servieren.

Variante Zucchinispaghetti mit Spargel

+ 10 Minuten

200 g Spargel
1 EL Butter
40 g Pinienkerne
80 ml Olivenöl
40 g Pecorino

1. Den Spargel waschen, schälen, putzen und schräg in etwa 2 mm dünne Scheiben schneiden. Dann 2–3 Minuten in der Butter braten, leicht salzen.

2. Pesto und Zucchinispaghetti wie beschrieben zubereiten, dabei die Mandeln durch Pinienkerne und das Mandelöl durch Olivenöl ersetzen. Zum Servieren den Spargel mit den Zucchinispaghetti und dem Pesto vermischen und Pecorino statt Parmesan darüberhobeln.

Kürbis

mit Tomaten und Oliven

30 Minuten | Für 2 Personen

1 kleiner Hokkaido-Kürbis (ca. 800 g)
10 getrocknete Tomaten (in Öl) + 4 EL Öl aus dem Glas
1–2 Knoblauchzehen
150 g Kirschtomaten
10–12 schwarze Oliven ohne Stein
Salz
frisch gemahlener schwarzer Pfeffer

1. Den Backofen auf 200 °C (Ober-/Unterhitze) vorheizen. Den Kürbis waschen und abtrocknen, dann mit einem großen Messer teilen, die Fasern und Kerne entfernen und die Hälften in dünne Spalten schneiden. Ein Blech mit 2 EL Tomatenöl besprenkeln, die Kürbisspalten darauf verteilen und für etwa 10 Minuten in den Backofen (mittlere Schiene) schieben.

2. Inzwischen den Knoblauch abziehen und fein hacken. Die getrockneten Tomaten abtropfen lassen und in Streifen schneiden. Die Kirschtomaten waschen und halbieren.

3. Die Kürbisspalten wenden. Alle vorbereiteten Zutaten, die Oliven und das übrige Tomatenöl darüber verteilen und in etwa 15 Minuten im Backofen fertig garen.

Variante Kürbisspalten mit Orange und Pinienkernen

± 0 Minuten
1 unbehandelte Orange
1 Scheibe altbackenes Toastbrot
2 EL Pinienkerne
1 EL flüssiger Honig

1. Die Kürbisspalten wie oben beschrieben vorbereiten und etwa 10 Minuten im Ofen garen. Inzwischen die Orange heiß abbrausen, trockentupfen und 1 TL Schale abreiben. Dann die Orange auspressen. Orangenschale, Toastbrot, Knoblauch und Pinienkerne im Blitzhacker zerkleinern.

2. Kürbisspalten wenden, salzen und mit Honig bestreichen. Orangen-Pinienkern-Mischung darüberbröseln. Orangensaft angießen (nicht über die Brösel!) und die Kürbisspalten in etwa 15 Minuten fertig garen.

Weiße Bohnen
mit frittierten Salbeiblättern

30 Minuten | Für 4 Personen

500 g Cannellini-Bohnen (Dose)
1 Zwiebel
2–3 Knoblauchzehen
6 EL Olivenöl
1 EL Tomatenmark
150 ml trockener Weißwein
6–8 frische Salbeiblätter
Salz
frisch gemahlener schwarzer Pfeffer

1. Die Bohnen in ein Sieb abgießen, kalt abbrausen und abtropfen lassen. Zwiebel und Knoblauch abziehen und fein hacken.

2. In einem Topf 2 EL Öl erhitzen, Zwiebel und Knoblauch darin 1 Minute anschwitzen. Bohnen und Tomatenmark dazugeben und 2 Minuten mitbraten. Den Weißwein angießen und die Bohnen 10 Minuten bei schwacher Temperatur zugedeckt schmoren lassen, gelegentlich umrühren.

3. Das übrige Öl in einer kleinen Pfanne erhitzen. Die Salbeiblätter abbrausen, trockentupfen und darin in etwa 30 Sekunden kross frittieren, herausnehmen und auf Küchenpapier abtropfen lassen. Die Bohnen salzen, pfeffern, in tiefe Teller geben und mit den Salbeiblättern garnieren. Nach Belieben das Salbei-Frittieröl darüberträufeln.

Variante Kichererbsen in Tomatensauce

± 0 Minuten

1 große Dose Kichererbsen (480 g Abtropfgewicht)
1 kleine Dose stückige Tomaten (400 g)
1 Peperoncino (getrocknete Chilischote)
1 EL frisch gehackte Petersilie
1 EL frisch gehacktes Koriandergrün

Kichererbsen in ein Sieb abgießen, kalt abbrausen und abtropfen lassen. Zwiebel und Knoblauch wie oben beschrieben im Öl anbraten. Kichererbsen und Tomaten dazugeben und den Peperoncino dazubröseln. Etwa 15 Minuten zugedeckt köcheln lassen. Mit Salz abschmecken, mit den Kräutern bestreut servieren (Tomatenmark, Weißwein und Salbei weglassen).

Dolci

Zabaglione mit Cantuccini

15 Minuten | Für 4 Personen

4 sehr frische Eigelb
80 g Zucker
8 cl Marsala
120 g Cantuccini (Mandelkekse)

1. Für ein heißes Wasserbad etwas Wasser in einem Topf aufkochen. Eigelb und den Zucker in eine passende Metallschüssel geben und darüber hängen (der Schüsselboden soll das Wasser nicht berühren!).

2. Eigelb und Zucker mit dem Schneebesen in 2–3 Minuten schaumig schlagen. Dann nach und nach den Marsala hinzufügen und weiterschlagen, bis ein warmer, luftiger Schaum entsteht. Die Zabaglione in vorgewärmte Gläser füllen und mit den Cantuccini servieren.

Variante Trauben mit Gewürz-Zabaglione

+ 5 Minuten

150 g kernlose blaue Trauben
¼ TL gemahlenes Lebkuchengewürz

1. Die Trauben waschen, von den Rispen zupfen und halbieren. In vier vorgewärmte Gläser verteilen.

2. Die Zabaglione wie beschrieben zubereiten, dabei mit dem Marsala das Lebkuchengewürz unterrühren. Die warme Gewürz-Zabaglione über die Trauben geben und servieren.

Basilikumcreme

mit Himbeeren

20 Minuten | Für 4 Personen

1 Bund Basilikum
1 unbehandelte Zitrone
200 g Sahne
80 g Puderzucker
1 Pck. Sahnesteif
250 g Ricotta
125 g Himbeeren

1. Das Basilikum abbrausen, trockenschütteln und die Blätter abzupfen. Die Zitrone heiß abbrausen und trockentupfen. Erst die Schale fein abreiben, dann die Zitrone auspressen.

2. Die Sahne mit 1 EL Puderzucker und dem Sahnesteif steif schlagen. Ricotta, Basilikum, übrigen Puderzucker, Zitronensaft und -schale fein pürieren. Schlagsahne unterheben.

3. Die Basilikumcreme in Gläser oder Schalen füllen. Die Himbeeren in einem Sieb behutsam abbrausen, auf Küchenpapier abtropfen lassen und die Creme damit garnieren.

Variante Basilikumcreme mit Pinienkernkrokant

+ 10 Minuten
1 EL Zucker
40 g Pinienkerne

1. Den Zucker in einer kleinen Pfanne bei schwacher Temperatur zu hellem Karamell schmelzen. Die Pinienkerne dazugeben, goldbraun karamellisieren lassen. Auf Backpapier verteilen und abkühlen lassen.

2. Inzwischen die Creme wie beschrieben zubereiten und in Gläser geben. Den Pinienkernkrokant vor dem Servieren darüberbröseln.

Erdbeer-Tiramisu

»dolce vita«

25 Minuten | Für 4 Personen

250 g Erdbeeren
4 EL Orangenlikör
80 g Sahne
2 sehr frische Eigelb
2 EL Puderzucker
250 g Mascarpone
8 Löffelbiskuits
Saft von 1 Orange
(ca. 100 ml)
1 TL Kakaopulver

1. Die Erdbeeren abbrausen, putzen und auf Küchenpapier abtropfen lassen. Dann klein schneiden und mit 2 EL Orangenlikör mischen.

2. Die Sahne steif schlagen. Eigelb und Puderzucker mit dem Handrührgerät in 2–3 Minuten schaumig schlagen. Erst den Mascarpone unterrühren, dann die Schlagsahne unterheben.

3. Die Löffelbiskuits in Stücke brechen und in vier Gläser oder Dessertschalen legen. Orangensaft mit übrigem Orangenlikör mischen und darüber träufeln. Erst die Erdbeeren, dann die Mascarponecreme darauf geben und glatt streichen. Bis zum Servieren zugedeckt kalt stellen, dann das Kakaopulver darübersieben.

Variante Erdbeer-Orangen-Salat mit Minze

- 5 Minuten
400 g Erdbeeren
2 Orangen
2 Stängel frische Minze

1. Die Erdbeeren abbrausen, putzen und vierteln. Die Orangen so dick schälen, dass auch die weiße Haut entfernt wird. Die Orangenfilets zwischen den Trennhäutchen herausschneiden.

2. Erdbeeren und Orangenfilets mit dem Orangenlikör mischen. Die Minze abbrausen, trockenschütteln, die Blätter kleiner zupfen und untermischen. Zum Servieren in Schälchen verteilen.

Calories
don't count on
the weekend.
Calories
don't count on
the weekend.

Beereneis
mit Amarettosahne

20 Minuten | Für 4 Personen

300 g TK-Beerenmischung
100 g Sahne
40 g Puderzucker
2 EL Amaretto
2–3 EL Limettensaft
2 EL Crème fraîche

1. Die Beeren in einen Mixbecher geben und 10 Minuten antauen lassen. Vier Schälchen ins Tiefkühlfach geben.

2. Die Sahne mit 1 TL Puderzucker steif schlagen und den Amaretto unterrühren.

3. Übrigen Puderzucker und Limettensaft zu den Beeren geben und diese mit dem Pürierstab fein zerkleinern. Die Crème fraîche dazugeben und untermixen, bis eine cremige Masse entsteht.

4. Das Beereneis mit einem Eisportionierer oder einem Esslöffel zu Kugeln formen und in die eisgekühlten Schälchen verteilen. Mit der Amarettosahne garnieren und servieren.

Variante Heidelbeersorbet mit Kokoschips

± 0 Minuten
300 g TK-Heidelbeeren
2 EL Kokoschips
3 EL Ahornsirup

1. Die Heidelbeeren in einen Mixbecher geben und 10 Minuten antauen lassen. Die Gläser ins Tiefkühlfach geben.

2. Die Kokoschips in einer kleinen Pfanne anrösten und beiseite stellen. Die Beeren mit Limettensaft und Ahornsirup (ohne Crème fraîche) pürieren. In die Gläser geben und mit den gerösteten Kokoschips bestreut servieren.

Mascarponecreme
mit Weißweinäpfeln

30 Minuten | Für 4 Personen

2 säuerliche Äpfel (z. B. Boskop oder Braeburn)
200 ml Weißwein
2 EL Zucker
1 Pck. Vanillezucker
150 g Sahne
150 g Mascarpone
4 EL Eierlikör
¼ TL Zimtpulver

1. Die Äpfel schälen, vom Kerngehäuse befreien und in Spalten schneiden. Mit Wein, 1 EL Zucker und ½ Pck. Vanillezucker in einem Topf aufkochen und zugedeckt 3–4 Minuten köcheln lassen. Die Äpfel mit einem Schaumlöffel herausnehmen.

2. Den Weinsud bei starker Temperatur auf 3–4 EL einkochen lassen. Die Apfelspalten wieder dazugeben und den Topf zum Abkühlen in Eiswasser stellen.

3. Die Sahne mit dem übrigen Vanillezucker steif schlagen. Mascarpone, Eierlikör und restlichen Zucker verrühren und die Vanillesahne unterheben. Die Apfelspalten in Schalen verteilen, die Creme darauf geben und das Zimtpulver darüberstauben.

Tipp Für ein Apfel-Tiramisu 8 Löffelbiskuits in Stücke brechen und in die Schalen legen. Weißweinäpfel und Creme darauf schichten und mit Zimtpulver bestauben.

Variante Mascarponecreme mit Amarenakirschen

- 15 Minuten

1 Glas Amarenakirschen (130 g Abtropfgewicht)

1. Die Weißweinäpfel weglassen. Die Mascarponecreme wie beschrieben zubereiten und in Gläser oder Schälchen füllen.

2. Amarenakirschen abtropfen lassen, dabei etwas Sirup auffangen. Beides auf die Creme geben.

Marsala-Birnen
mit Vanilleschaum

30 Minuten | Für 4 Personen

4 reife Birnen
2 EL Zucker
1 Splitter von 1 Zimtstange
1 Gewürznelke
1 Ecke von 1 Sternanis
1 Stück unbehandelte Orangenschale
350 ml Marsala
2 sehr frische Eigelb
1 sehr frisches Ei
250 ml Milch
1 Vanilleschote

1. Die Birnen im Ganzen schälen, die Stiele dabei daranlassen. Die Birnen in einen engen Topf stellen. 1 EL Zucker, die Gewürze und die Orangenschale dazugeben. Den Marsala angießen, aufkochen und die Birnen in 15 Minuten bei schwacher Temperatur zugedeckt gar ziehen lassen.

2. Für den Vanilleschaum Eigelb, Ei, übrigen Zucker und Milch in einem Topf verrühren. Die Vanilleschote längs aufritzen, das Mark herauskratzen und dazugeben. Bei schwacher Temperatur unter ständigem Rühren bis kurz vor dem Siedepunkt erhitzen. Den Topf vom Herd nehmen und die Vanillesauce mit dem Pürierstab schaumig aufschlagen.

3. Die Marsala-Birnen aus dem Sud heben und in vier Schalen oder Teller geben. Mit dem Vanilleschaum umgießen.

Variante Rotweinfeigen mit Orangenmascarpone

± 0 Minuten

12 frische Feigen
250 ml Rotwein (z. B. Barbera)
60 g Mascarpone
1 TL flüssiger Honig
½ TL abgeriebene, unbehandelte Orangenschale

1. Die Feigen waschen, halbieren und in einen Topf geben. Wein, Gewürze und Orangenschale dazugeben. Einmal aufkochen lassen, dann den Topf vom Herd nehmen und die Feigen zugedeckt 15 Minuten durchziehen lassen.

2. Mascarpone, Honig und Orangenschale verrühren. Die Rotweinfeigen in Schalen geben und jeweils einen Klecks Orangenmascarpone daraufsetzen.

Pfirsiche

mit Baiserhaube

25 Minuten | Für 4 Personen

2 große reife Pfirsiche
40 g Amarettini (italienische Mandelmakronen)
1 Eiweiß
1 kleine Prise Salz
1 Spritzer Zitronensaft
2 EL Zucker

1. Den Backofen auf 200 °C (Ober-/Unterhitze) vorheizen. Die Pfirsiche überbrühen, kalt abschrecken und häuten. Die Früchte halbieren, entsteinen und die Hälften mit der Schnittfläche nach oben in eine ofenfeste Form legen.

2. Amarettini zerbröseln. Das Eiweiß mit Salz und Zitronensaft steif schlagen und nach und nach den Zucker einrieseln lassen. Amarettibrösel unterheben. Auf die Pfirsichhälften geben und im Backofen 8–10 Minuten überbacken. Heiß servieren.

Variante Gratinierte Zitrusfrüchte

± 0 Minuten

2 EL Mandelblättchen
2 Orangen
1 rosa Grapefruit
2 Zitronen

1. Die Mandelblättchen in einer kleinen beschichteten Pfanne bei milder Temperatur goldbraun rösten und abkühlen lassen.

2. Orangen, Grapefruit und Zitronen so dick schälen, dass auch die weiße Haut entfernt wird. Das Fruchtfleisch zwischen den Trennhäutchen herausschneiden. Die Fruchtfilets mischen und in 4 ofenfeste Förmchen verteilen.

3. Den Eischnee wie beschrieben zubereiten, dabei die Amarettinibrösel durch die gerösteten Mandeln ersetzen. Auf die Früchte geben und überbacken.

Gorgonzola-Creme
mit Trauben & Walnüssen

20 Minuten | Für 4 Personen

150 g kernlose blaue Trauben
2–3 EL Vecchia Romagna (italienischer Weinbrand, nach Belieben)
15 Walnusskernhälften
250 g Sahnegorgonzola
frisch gemahlener schwarzer Pfeffer

1. Die Trauben waschen, halbieren und, falls verwendet, in einer Schale mit dem Weinbrand mischen.

2. 10 Walnusskernhälften grob hacken und in einer kleinen Pfanne rösten, bis sie duften. Abkühlen lassen.

3. Den Gorgonzola mit einer Gabel zerdrücken und kräftig pfeffern. Die Weintrauben abtropfen lassen und mit den Walnussstückchen unter den Gorgonzola mischen. Die Creme in eine Schale geben und mit den übrigen Walnusskernhälften garnieren. Dazu schmeckt knuspriges Ciabatta.

Variante Parmesancreme mit Oliven

± 0 Minuten
Je 10 grüne und schwarze Oliven
30 g Parmesan (am Stück)
3–4 Zweige Thymian
150 g Ricotta
2 EL Olivenöl

1. Die Oliven entsteinen und klein würfeln. Den Parmesan fein raspeln. Thymian abbrausen, trockenschütteln, die Blättchen abstreifen und fein hacken.

2. Ricotta mit Olivenöl glatt rühren und kräftig pfeffern. Parmesan, Thymian und Olivenstückchen unterrühren. Dazu schmeckt knuspriges Ciabatta.

Käseplatte

mit Rosmarinnüssen

20 Minuten | Für 4–6 Personen

1 Zweig Rosmarin
2 EL Zucker
200 g gemischte Nusskerne (Mandel-, Walnuss- und Cashewkerne)
Salz
1–2 Peperoncini (getrocknete Chilischoten)
ca. 500 g italienische Käsesorten am Stück (z. B. Gorgonzola, Paglietta, Pecorino und Scamorza)

1. Den Rosmarin abbrausen, trockenschütteln, die Nadeln abstreifen und fein hacken. Den Zucker in einer Pfanne zu hellem Karamell schmelzen. Nusskerne und 1 kräftige Prise Salz dazugeben. Peperoncini dazubröseln und Rosmarin untermischen. Die Nüsse 2–3 Minuten unter Rühren karamellisieren lassen. Auf einem Stück Backpapier verteilen und abkühlen lassen.

2. Den Käse auf einer Platte anrichten. Die Rosmarinnüsse dazu servieren. Dazu passen verschiedene Brotsorten wie Ciabatta, Baguette oder Nussbrot.

Variante Käseplatte mit Quittengelee

- 5 Minuten
250 g Trauben
je 50 g Walnusskernhälften, Pistazienkerne und Rauchmandelkerne
150 g Quittengelee

1. Die Käsestücke auf einem Brett anrichten. Die Trauben waschen, in kleine Zweige teilen und dazwischen legen. Die Nüsse und Kerne um den Käse verteilen.

2. Das Quittengelee in ein Schälchen füllen und dazu servieren. Dazu schmeckt Brot.

Register

N

O

P

R

S

T

W

Z

4 Aperitifs

Negroni

3 Min. | Für 2 Gläser

1 Scheibe unbehandelte Orange | Eiswürfel
4 cl Gin | 4 cl Campari
4 cl roter italienischer Wermut

Orangenscheibe halbieren und jeweils eine Hälfte sowie 2–3 Eiswürfel in zwei Tumbler (kurzes Trinkglas mit dickem Boden) geben. Gin, Campari und Wermut verrühren, in die Gläser füllen und den Drink sogleich servieren.

Bellini

10 Min. | Für 4 Gläser

2 reife weiße Pfirsiche
2 EL Zitronensaft
375 ml eisgekühlter Prosecco

Pfirsiche mit kochendem Wasser überbrühen, häuten, entsteinen, klein schneiden und mit Zitronensaft fein pürieren. Das Püree in Sektgläser verteilen und mit dem Prosecco auffüllen.

Erdbeer-Spritz

15 Min. | Für 4 Gläser

100 g reife Erdbeeren
2 EL Limoncello
4 unbehandelte Zitronenscheiben
8 cl Aperol
Je 200 ml eisgekühlter trockener Weißwein und eisgekühltes Mineralwasser
1 Stängel Basilikum

Die Erdbeeren abbrausen, putzen, vierteln und mit dem Limoncello mischen. 10 Minuten ziehen lassen. Die Erdbeeren mit den Zitronenscheiben in bauchige Stielgläser verteilen. Aperol, Weißwein und Mineralwasser dazugeben. Basilikum abbrausen, trockenschütteln und den Drink mit jeweils 1–2 Basilikumblättern dekorieren.

Bitteraperitif mit Orange und Minze

3 Min. | Für 2 Gläser

1 Scheibe unbehandelte Orange | Eiswürfel
200 ml Crodino
1 Stängel frische Minze

Orangenscheibe halbieren und jeweils eine Hälfte sowie 1–2 Eiswürfel in Gläser geben. Mit dem Crodino aufgießen. Minze abbrausen, trockenschütteln und den Drink mit Minzeblättern garnieren.